러시아 여행가서 **자신감 있게** 말할 수 있는

나만의
여행 러시아어
회화 레시피

이원형 저

www.langpl.com

머리말

본서는 1994년에 이미 출판되었던 책을, 2008년 개정하여 다시 출간한 것입니다. 1994년 당시 모스크바대 법과대학원 졸업 당시에 러시아와 영국친구들의 도움을 받아 틈틈이 준비하여 책을 발간하였던 기억이 새로운데, 이렇게 새로이 증보판을 발행하게 되어 매우 기쁘게 생각합니다.

이 책은 주로 러시아연방 및 러시아어를 사용하는 구 소련권 국가들을 여행하는 여행자들을 위하여 만든 책입니다. 하지만, 일반여행 중에 흔히 쓰일 수 있는 영어 회화문을 첨부하여 러시아권 이외의 영어권 국가를 여행하는 여행자들에게도 도움이 될 수 있도록 하였습니다.

러시아어를 처음 접하시는 분들도 쉽게 활용할 수 있도록 한글식 발음표기를 넣었습니다. 러시아어권에 가시는 분들에게 많은 도움이 되었으면 합니다.

2008년 7월

이 원 형

본 서의 이용 방법

러시아어에는 강세가 있습니다. 발음할 때 강세를 지켜주지 않으면 못알아듣는 경우가 많습니다. 이 책에는 러시아어 표현 아래에 한국어로 발음을 적어놨습니다. 한국어표기 발음부분에서 진하게 표시된 부분은 강세를 두어 길고 강하게 발음해주세요.

러시아 알파벳

활자체	필기체	명칭	발음
А а	𝒜 a	아 a	[a] [ㅏ]
Б б	𝐵 ᶑ	베 бэ	[b] [ㅂ]
В в	𝐵 ℓ	붸 вэ	[v] [느끼한 ㅂ]
Г г	𝒯 ᴦ	게 гэ	[g] [ㄱ]
Д д	𝒟 ᶁ	데 дэ	[d] [ㄷ]
Е е	ℰ e	예 е(йэ)	[je] [ㅖ]
Ё ё	ℰ e	요 ё(йо)	[jo] [ㅛ]
Ж ж	𝒲 ж	줴 жэ	[zh] [ㅈ]
З з	3 ᴣ	제 зэ	[z] [ㅈ]
И и	𝒰 u	이 и	[i],[ji] [ㅣ]
Й й	𝒰 a	이 끄라뜨꼬예 И краткое	[j] [ㅣ] 짧은 '이' 발음
К к	𝒦 ᴋ	까 ка	[k] [ㄲ]
Л л	𝐿 ᴧ	엘 эль	[l] [ㄹ]

활자체	필기체	명칭	발음
М м	$\mathcal{M}\mathit{m}$	엠 эм	[m] [ㅁ]
Н н	$\mathcal{H}\mathit{н}$	엔 эн	[n] [ㄴ]
О о	$\mathcal{O}\mathit{o}$	오 о	[o] [ㅗ]
П п	$\mathcal{П}\mathit{n}$	뻬 пэ	[p] [ㅃ]
Р р	$\mathcal{P}\mathit{p}$	에르 эр	[r] [굴리는 ㄹ]
С с	$\mathcal{C}\mathit{c}$	에스 эс	[s] [ㅅ]
Т т	$\mathcal{T}\mathit{m}$	떼 тэ	[t] [ㄸ]
У у	$\mathcal{Y}\mathit{y}$	우 у	[u] [ㅜ]
Ф ф	$\mathcal{F}\mathit{ф}$	에프 эф	[f] [ㅍ]
Х х	$\mathcal{X}\mathit{x}$	하 ха	[x] [ㅎ]
Ц ц	$\mathcal{U}\mathit{ц}$	쩨 цэ	[ts] [ㅉ]
Ч ч	$\mathcal{Ч}\mathit{ч}$	체 че	[tʃ] [ㅊ]
Ш ш	$\mathcal{Ш}\mathit{ш}$	샤 ша	[ʃ] [슈]
Щ щ	$\mathcal{Щ}\mathit{щ}$	쉬챠 ща	[u] [쉬]
ъ	$\mathit{ъ}$	뜨뵤르듸 즈낙	경음부호(선행자음을 원래 발음 그대로 된소리 발음하라는 표시
ы	$\mathit{ьс}$	의 ы	[ï] [ㅢ]
ь	$\mathit{ь}$	먀흐끼이 즈낙	연음부호(선행자음을 원음화하라는 표시로서 우리나라 구개음화와 유사
Э э	$\mathcal{Э}\mathit{э}$	에 э	[ĕ] [ㅐ]
Ю ю	$\mathcal{Ю}\mathit{ю}$	유(йу)	[ju] [ㅠ]
Я я	$\mathcal{Я}\mathit{я}$	야(йа)	[ja] [ㅑ]

Contents

러시아 알파벳 · 4

I 상황별 회화

01 기본 회화 간단한 인사말과 질문, 대답 · 10

02 긴급상황에서 도와주세요! · 22

03 여행 교통편 예약, 공항에서, 기내에서 · 28

04 호텔에서 · 46

05 교통수단 길을 찾을 때, 택시, 버스, 전철 · 58

06 레스토랑에서 예약, 식사 · 68

07 환전 · 80

08 전화 · 84

09 우체국에서 · 92

10	인터넷 · 96	
11	병원, 약국에서 · 100	
12	쇼핑 · 108	
13	친구 사귀기 술자리, 칭찬, 애정표현, 축하표현 · 118	

II 한두 단어로 즐기는 러시아어 표현 모음 · 127

III 현지에서 가장 많이 쓰는 필수 표현 42가지 · 133

부록

01	유용한 단어 · 142
02	대사관, 항공사 등 유용한 정보 안내 · 154

Ⅰ 상황별 회화

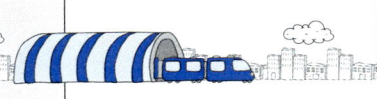

1. 기본 회화
2. 긴급상황에서
3. 여행
4. 호텔에서
5. 교통수단
6. 레스토랑에서
7. 환전
8. 전화
9. 우체국에서
10. 인터넷
11. 병원, 약국에서
12. 쇼핑
13. 친구 사귀기

01 기본 회화 간단한 인사말과 질문, 대답

001 처음 뵙겠습니다!
How do you do!

002 안녕!
Hi!

003 여보세요?
Hello?

004 좋은 아침입니다.
Good morning!

005 좋은 하루군요.
Good afternoon!

006 좋은 저녁입니다.
Good evening!

007 안녕히 주무셔요. 잘 자!
Good night!

008 감사합니다.
Thank you.

001 Здравствуйте!
즈드라스뜨부이쩨! ✱첫 번째 в 는 묵음

002 Привет!
쁘리볱

003 Алло!
알로! ✱또는 알료!

004 Доброе утро.
도브러에 우뜨러!

005 Добрый день.
도브리 젠!

006 Добрый вечер.
도브리 뷔췌르

007 Спокойной ночи.
스빠꼬이너이 노취!

008 Спасибо.
스빠시버.

01 기본회화

009 대단히 감사합니다.
Thank you very much.

010 부탁합니다. 제발!
Please.

011 어떻게 지내십니까?
How are you?

012 좋습니까?
Good?

013 좋습니다. 좋아요! 좋아! 좋네! 좋구나!
Good!

014 오케이!
OK!

015 괜찮아요. 그럭저럭!
I'm fine. So, so.

016 안녕히 계세요. 안녕히 가세요
Good Bye!

017 안녕! 잘 가!
Bye!

009 Большое спасибо.
발쇼에 스빠시버.

010 Пожалуйста.
빠좔루이스따.

011 Как дела?
까끄 젤라

012 Хорошо?
하라쇼?

013 Хорошо!
하라쇼!

014 Окей!
아께이!

015 Нормально. Ничего!
나르말너. 니취보!

016 До свидания!
다 스비다니야!

017 Пока!
빠까!

01 기본회화

018 또 만나요!
See you again!

019 죄송합니다.
I'm sorry.

020 미안합니다.
I'm sorry.

021 실례지만, ……
Excuse me, …….

022 미안!
Sorry!

023 아니요.
No.

024 예
Yes.

025 아시겠습니까? 알겠니?
You got it?

026 이해하시겠어요?
Do you understand?

018 **До встречи!**
다 브스뜨레취!

019 **Простите** меня.
쁘라스**찌**쩨 미냐

020 **Извините** меня
이즈비니쩨 미냐

021 **Извините, пожалуйста.......**
이즈비니쩨, 빠좔루이스따....

022 **Извини!**
이즈비니!

023 **Нет.**
니옡

024 **Да.**
다.

025 **Понятно?**
빠냐뜨너?

026 **Вам понятно?**
밤 빠냐뜨너?

01 기본회화

027 네, 이해합니다. 알겠습니다
Yes, I understand.

028 아뇨, 이해 못하겠어요.
No, I don't understand.

029 네, 나는 압니다. 알아!
Yes, I know.

030 아뇨, 나는 모릅니다. 몰라!
No, I don't know.

031 당신은 누구입니까?
Who are you?

032 이것은 무엇입니까?
What is this?

033 이것은 누구의 것입니까?
Who's this?

034 나는 이것이 좋습니다.
I like it.

035 제가 해도 될까요? 가능합니까?
Can I?

027 Да, понятно.
다, 빠냐뜨너.

028 Нет, не понятно.
니옡, 니예 빠냐뜨너.

029 Да, я знаю.
다, 야 즈나유.

030 Нет, я не знаю.
니옡 야 녜 즈나유.

031 Кто вы?
크또 븨?

032 Что это?
쉬또 에떠?

033 Чьё это?
취요 에떠?

034 Я люблю это.
야 류블류 에떠.

035 мне Можно?
므녜 모쥬너?

01 기본회화

036 네, 됩니다.
Yes, you can (do it).

037 아니요, 안됩니다.
No, you can't (do it).

038 자, 인사합시다.
Let's get acquainted.

039 당신의 이름은 무엇입니까?
What's your name?

040 나의 이름은 (　　) 입니다.
My name is (　).

041 만나서 반갑습니다.
I'm glad to meet you.

042 그럼, 당신 이름은 무엇입니까?
And your name?

043 어디에서 오셨습니까?
Where are you from?

044 어디에서 오셨는지 말해주시렵니까? 정중한 표현
Tell me please, where are you from?

036 Да, можно.
다, 모쥬너.

037 Нет, не надо. Нет, нельзя.
니옡, 니예 나더. (니옡, 넬쟈)

038 Давайте познакомимся.
다바이쩨, 빠즈나꼬밈샤.

039 Как вас зовут?
까끄 바스 자봇?

040 Меня зовут (   ).
미냐 자봇 (   ).

041 Очень приятно.
오친 쁘리야뜨너.

042 А вас как зовут?
아 바스 까끄 자봇?

043 Откуда вы?
앗꾸다 븨?

044 Скажите, пожалуйста, откуда вы?
스까쥐쩨, 빠좔루이스따, 앗꾸다 븨?

01 기본회화

045 한국에서 왔습니다.
I'm from Korea.

046 러시아에서 왔습니다.
I'm from Russia.

047 만나서 반갑습니다. 안녕히 가십시오.
Nice to meet you. Good-bye.

048 갑시다! 출발!
Let's go!

기본 단어

- 아침 morning утро 우뜨러
- 낮(하루) afternoon(day) день 졘
- 저녁 evening вечер 베췌르
- 밤 night ночь 노치
- 나 I Я 야
- 당신 You Вы 븨

045 **Я из Кореи.**
야 이즈 까례이.

046 **Я из России.**
야 이즈 라씨이.

047 **Очень приятно. До свидания.**
오친 쁘리야뜨너. 다 스비다니야.

048 **Пошли!** 걸어서 갈 때   **Поехали!** 차를 타고 갈 때
빠슐리!   빠예할리!

- 누구 Who Кто 크또
- 무엇 What Что 쉬또
- 이것 This Это 에떠
- 한국 Korea Корея 까례야
- 러시아 Russia Россия 라씨야

02 긴급상황에서 도와주세요!

001 도와주세요!
Help!

002 문을 여시오!
Open up!

003 불이야!
Fire!

004 도둑이야!
Thief!

005 나는 원치 않습니다. 싫습니다
I don't want it.

006 서라!
Stop!

007 나가시오.
Get out!

008 저리 가!
Away from me!

001 **Помогите!**
빠마기쩨!

002 **Откройте** дверь!
앗끄로이쩨 드베리!

003 **Пожар!**
빠좌르!

004 **Вор!**
보르!

005 **Я** не хочу!
야 녜 하추!

006 **Стой!**
스또이!

007 **Выходите!**
븨하지쩨!

008 **Выходи,** отсюда!
븨하지, 앝슈다!

02 긴급상황에서

009 꺼져버려!
Be gone!

010 물러서! 저리 안 갈래!
Get lost!

011 지갑을 도난 당했습니다.
The thief snatched my purse.

012 돈을 잃어버렸습니다.
I lost money.

013 경찰을 불러주세요.
Call the police, please.

014 저는 러시아어를 모릅니다.
I can't speak Russian.

015 한국어 아는 사람을 부탁합니다.
Can I talk to someone who speaks in Korean?

016 한국 대사관으로 연락해 주세요.
Please, call the Korean Embassy.

009 Пошёл ты вон!
빠숄 띄, 본!

010 Отойди!
앗따이지!

011 У меня украли кошелёк.
우 미냐 우끄랄리 까쉘록.

012 Я потерял деньги.
야 빠쩨랼 젠기

013 Вызовите, пожалуйста, милицию!
븨 저비쩨, 빠좔루이스따, 밀리찌유!

014 Я не знаю русский язык.
야 녜 즈나유 루스끼 이직.

015 Можно поговорить с кем-нибудь, кто знает корейский язык?
모쥬너 빠가바리찌 스 껨-니부지, 크또 즈나잇 까레이스끼 이직?

016 Пожалуйста, позвоните в корейское посольство.
빠좔루이스따, 빠즈바니쩨 브 까레이스꼬예 빠쏠스뜨버.

02 긴급상황에서

017 여기로 이 번호로 전화 걸어주세요.
　　　Please, have call at this number.

기본 단어

- 지갑 wallet бумажный кошелёк 부마쥬늬 까쉘록
- 돈(현금) money(cash)
  деньги (наличные деньги) 젠기(날리츠니예 젠기)
- 경찰서 police station отделение милиции
  앗젤례니예 밀리찌이
- 경찰 police милиция 밀리찌야

017 Пожалуйста, позвоните сюда.
빠좔루이스따, 빠즈바니쩨 슈다.

- 경찰관 police man милиционер 밀리찌아네르
- 언어, 말(혀) language(tongue) язык 이직
- 대사관 Embassy посольство 빠쏠스뜨보
- 한국인 Korean кореец 까례이쯔
- 한국의, 한국인의 Korean корейский 까례이스끼
- 러시아의, 러시아人 Russian русский 루스끼

03 여행 교통편 예약, 공항에서, 기내에서

001 안녕하십니까, '아에로플로트' 항공입니다.
Hello. This is Aeroflot Airlines.

002 모스크바행 비행기를 예약하고 싶습니다.
I want to make a reservation to Moscow.

003 언제 며칠, 몇 시 출발하시겠습니까?
When would you like?

004 될 수 있으면 빨리 가고 싶습니다.
I want to make a flight as soon as possible.

005 3월 20일에 좌석이 있습니다.
We can give you seat on march 20.

006 그럼, 그렇게 하겠습니다.
Then, I'll take it.

007 성함을 말씀해주십시오.
Your name, please.

008 성은 이씨고요, 이름은 준호입니다.
Lee, Jun Ho.

001 Аэрофлот, добрый день,
아에라플로뜨, 도브리 젠,

002 Я хочу забронировать место в Москву.
야 하추 자브라니러바찌 몌스떠 브 마스끄부.

003 Когда? На какое число? На какое время?
까그다? 나 까꼬예 취슬로? 나 까꼬예 브례먀?

004 Мне нужно вылететь как можно скорее.
므녜 누쥬너 븨 례쩨찌, 까끄 모쥬너 스까례예.

005 Есть место на двадцатое марта.
예스찌 몌스떠 나 드받짜떠에 마르따.

006 Тогда я возьму его.
따그다 야 바지무 이보.

007 Ваша фамилия и имя, будьте добры.
바샤 파밀리야 이 이먀, 부짓쩨 다브리.

008 Моя фамилия – Ли, а имя - Чун Хо.
마야 파밀리야 — 리, 아 이먀 — 준호.

03 여행

009 영어철자는 Lee, Jun Ho.
In English, Lee Jun Ho

010 항공권을 가지고 계십니까?
Do you have a ticket?

011 예, 가지고 있습니다.
Yes, I have.

012 아니요, 여기서 사겠습니다.
No, I want to buy it here.

013 편도입니까, 왕복입니까?
One way ticket or return?

014 편도입니다. 왕복입니다.
Only one way.

015 그러면 할인이 되지 않습니다.
Then there's no discount.

016 나이가 몇 살입니까?
How old are you?

009 По-английски Lee, Jun Ho.
빠 앙글리스끼 Lee, Jun Ho.

010 У вас есть билет?
우 바스 에스찌 빌롙?

011 Да, есть.
다, 예스찌.

012 Нет, я собираюсь купить его здесь.
니옡, 야 싸비라유스 꾸삐찌 이보 즈졔스.

013 Билет только в один конец, или туда и обратно?
빌롙 똘까 브 아진 까녜쯔, 일리 뚜다 이 아브라뜨너?

014 Только в один конец.
똘까 브 아진 까녜쯔.

015 Тогда без скидки.
따그다 볘즈 스끼드끼.

016 Сколько вам лет?
스꼴꺼 밤 리옡

03 여행

017 저는 스물 세 살입니다.
I'm 23 years old.

018 비행기 편은 03, 11시 20분에 출발합니다.
Your flight number is 03, time is 11 : 20.

019 매우 좋습니다. 감사합니다.
Wonderful, thank you.

020 예약을 확인하고 싶습니다.
I want to reconfirm my flight.

021 비행시간이 언제죠?
When is it?

022 어느 항공편이죠?
Which flight?

023 성함을 말해주세요.
Your name, please.

024 네, 예약 확인되었습니다.
OK, you're reconfirmed.

017　Мне двадцать три года.
므녜 드받짜찌 뜨리 고다.

018　Ваш номер рейса ноль три, время отправления одиннадцать двадцать.
바슈 노메르 레이사 놀 뜨리, 브례먀 앝쁘라블례니야 아진낟짜찌 드받짜찌.

019　Прекрасно, спасибо.
쁘레끄라스너, 스빠시바.

020　Мне хотелось бы подтвердить мой рейс.
므녜 하쩰러스 븨 빠드뜨뵈르지찌 모이 레이스.

021　Назовите время.
나자비쩨 브례먀.

022　Какой рейс?
까꼬이 레이스?

023　Скажите вашу фамилию и имя.
스까쥐쩨 바슈 파밀리유 이 이먀.

024　Окей, подтвердили.
아께이, 빠드뜨베르질리.

03 여행

025 언제까지 체크인 해야 합니까?
By what time do I have to check in?

026 이륙 1시간 전까지 체크인해 주세요.
You must check in until one hour before.

027 아에로플로트 러시아 항공 카운터가 어딥니까?
Where is the Aeroflot counter?

028 짐은 전부 2개입니다.
I have two pieces of baggage.

029 창가 자리로 부탁합니다.
A window seat please.

030 금연석 흡연석 으로 주세요.
No smoking (smoking) section please.

031 탑승은 언제 시작되죠?
When is the boarding time?

032 한국 신문이 있나요?
Do you have a Korean newspaper?

025 До скольких надо зарегистрироваться?
도 스깔끼흐 나다 자레기스뜨리러바쨔?

026 Вам нужно зарегистрироваться за час до отлёта.
밤 누쥬너 자레기스뜨리러바쨔 자 촤스 도 앝뜰료따.

027 Где регистрация Аэрофлота?
그졔 레기스뜨라찌야 아에라플로따?

028 У меня два места багажа.
우 미냐 드바 몌스따 바가좌.

029 Место у окна, пожалуйста.
몌스떠 우 아끄나, 빠좔루이스따.

030 Место для некурящих (курящих), будьте добры.
몌스떠 들랴 녜꾸랴쉬흐 (꾸랴쉬흐), 부지쩨 다브릐.

031 Когда посадка?
까그다 빠싸드까?

032 Есть ли у вас корейские газеты?
예스찌 리 우 바스 까례이스끼예 가졔띄?

03 여행

033 지금 어디를 날고 있습니까?
Where are we now?

034 베개와 담요를 부탁합니다.
Can I have a pillow and a blanket?

035 담배를 피워도 되나요?
May I smoke?

036 화장실은 어딥니까?
Where is the lavatory?

037 오렌지 주스를 부탁합니다.
Can I have some orange juice?

038 얼음물 좀 주세요.
Can I have some ice water?

039 더 주실 수 있나요?
Can I have some more?

040 얼마쯤 후에 모스크바에 도착합니까?
How many more hours to Moscow?

041 키예프까지 가는 기차표는 어디서 팝니까?
At which window can I buy a ticket to Kiev?

033 Где мы сейчас?
그제 므이 시촤스?

034 Подушку и одеяло, пожалуйста.
빠두슈꾸 이 아제얄러, 빠좔루이스따.

035 Курить можно?
꾸리찌 모쥬너?

036 Где туалет?
그제 뚜알렛?

037 Апельсиновый сок, пожалуйста.
아뼬씨너브이 쏙, 빠좔루이스따.

038 Стакан воды со льдом, пожалуйста.
스따깐 바듸 살돔, 빠좔루이스따.

039 Можно ещё?
모쥬너 이쑈?

040 Сколько часов ещё лететь до Москвы?
스꼴꺼 취쏩 이쑈 례쪠찌 도 마스끄븨?

041 В каком окошке можно купить билет до Киева?
브 까꼼 아꼬슈께 모쥬너 꾸삐찌 빌롓 도 끼예바?

03 여행

042 열차시간표를 주세요.
Can I have a timetable?

043 지금 키예프에 가려면 몇 시 기차가 있습니까?
I want to go to Kiev right now. What time to the trains leave?

044 당일로 돌아올 수 있습니까?
Can I go and return in a day?

045 키예프까지 얼마입니까?
How much is it to Kiev?

046 좌석을 예약해야 합니까?
Do I need a reservation?

047 이 열차는 직행입니까?
Does this train go direct?

048 어디서 갈아타야 합니까?
Where should I change trains?

042 **Можно попросить у вас расписание?**
모쥬너 빠쁘라씨찌 우 바스 라스삐싸니에?

043 **Я хочу поехать в Киев сейчас. В какое время отправляются туда поезда?**
야 하추 빠예하찌 브 끼예프 시촤스. 브 까꼬예 브례먀 알쁘라블랴윳짜 뚜다 빠예즈다?

044 **Смогу ли я съездить туда и обратно за один день?**
스마구리야 씨예즈지찌 뚜다 이 아브라뜨너 자 아진 젠?

045 **Сколько стоит до Киева?**
스꼴꺼 스또잇 도 끼예바?

046 **Нужно ли сделать предварительный заказ?**
누쥬너리 스젤라찌 쁘레드바리쩰늬 자까즈?

047 **Это поезд прямого назначения?**
에떠 뽀예즈드 쁘리모버 나즈나췌니야?

048 **Где нужно сделать пересадку?**
그졔 누쥬너 스젤라찌 뻬레싸드꾸?

03 여행

049 1등석 표 한 장이요.
A first class ticket, please.

050 여기 있습니다. 받으세요.
Here you are.

051 표를 환불 받고 싶어요.
I would like to get a refund.

052 열차가 언제 출발하죠?
What time does this train leave?

053 4번 플랫폼이 어디죠?
Where is the platform No. 4?

054 5호 차는 어디죠?
Where is the train No. 5?

055 당신 자리는 어디입니까?
Where is your seat?

056 이 좌석은 빈자리입니까?
Is this seat available?

057 아니요, 사람이 있습니다.
No, this seat has already taken.

049 Один билет первого класса, пожалуйста.
아진 빌롓 뻬르버버 끌라싸, 빠좔루이스따.

050 Возьмите, пожалуйста.
바지미쩨, 빠좔루이스따.

051 Я хотел бы вернуть обратно билет.
야 하쪨 븨 베르누찌 아브라뜨너 빌롓.

052 Когда отправляется поезд?
까그다 앝쁘라블랴잇쨔 뽀예즈드?

053 Где четвёртая платформа?
그졔 취뜨뵤르따야 쁠라뜨포르마?

054 Где вагон номер пять?
그졔 바곤 노몌르 빠찌?

055 Где ваше место?
그졔 바쉐 몌스떠?

056 Это место свободно?
에떠 몌스떠 스바보드너?

057 Нет, занято.
니옡, 자니떠.

03 여행

058 어디까지 가세요?
Where are you going?

059 식당차는 어디에 있죠?
Where is the restaurant in the train?

060 차표를 분실했습니다.
I've lost my ticket.

061 가방을 기차 안에 두고 내렸어요.
I left a bag on the train.

기본 단어

- 수하물 baggage багаж 바가쥬
- 여행가방 suitcase чемодан 췌마단
- 기내화물(핸드캐리어) hand luggage
  ручная кладь 루츠나야 끌라지
- 탑승권 boarding pass
  посадочный талон 빠싸더츠니 딸론
- 승객 passenger пассажир 빠싸쥐르
- 기장 captain капитан самолёта 까삐딴 싸말료따
- 승무원(스튜어디스) steward(stewardess)
  стюард стюардесса 스쮸아르드 스쮸아르데싸
- 유효 valid действительный 제이스뜨비쩰늬

058 Куда вы едете?
꾸다 브 예지쩨?

059 Где вагон-ресторан?
그제 바곤 – 레스따란?

060 Я потерял билет.
야 빠쩨랼 빌롓.

061 Я оставил сумку в поезде.
야 아스따빌 쑴꾸 브 뽀예즈제.

- 무효 void недействительный 네제이스뜨비쩰늬
- 여권 passport паспорт 빠스뽀르뜨
- 여권번호 passport number
  номер паспорта 노몌르 빠스뽀르따
- 비자 visa виза 비자
- 입국목적 purpose of entry
  цель поездки 쩰 빠예즈드끼
- 항공권 airline ticket авиабилет 아비아빌례뜨
- 여권검사 passport control
  паспортный контроль 빠스뽀르뜨늬 깐뜨롤
- 성 surname фамилия 파밀리야

03 여행

- 이름 given name имя 이먀
- 국적 nationality гражданство 그라쥬단스뜨버
- 생년월일 date of birth дата рождения 다따 라쥬제니야
- 직업 occupation род занятий 로드 자냐찌이
- 기혼 married женат/замужем
  줴나뜨(남성일 경우) 자무쥐엠(여성일 경우)
- 미혼 single холост/не замужем
  홀러스뜨 / 녜 자무쥐엠(여성일 경우)
- 세관 customs office таможня 따모쥬냐
- 세관신고서 custums declaration form
  таможенная декларация 따모젠나야 데끌라라찌야
- 세관검사 custums inspection
  таможенный досмотр 따모줸늬 다스모뜨르
- 본적 permanent address
  постоянный адрес 빠스따얀늬 아드레스
- 공항 airport аэропорт 아에라뽀르뜨
- 예약 booking, reservation бронь 브론
- 매표소(발권창구) ticket office
  билетная касса 빌례뜨나야 까싸
- 출발시각 departure time время вылета 브례먀 브일레따
- 도착시각 arrival time время прилёта 브례먀 쁘릴료따
- 재확인하다 reconfirm уточнять 우따츠냐찌
- 발착 일람표 schedule board
  табло с расписанием 따블로 스 라스삐싸니엠
- 출발지 departure point
  пункт отправления 뿐끄뜨 아뜨쁘라블례니야

- 목적지(도착지) destination
  место назначения 메스떠 나즈나췌니야
- 경유지 transit транзит 뜨란짙
- 현지시간 local time местное время 메스너예 브레먀
- 비상구 exit запасной выход 자빠스노이 브이허드
- 산소마스크 oxygen mask
  кислородная маска 끼슬라로드나야 마스까
- 모포 blanket одеяло 아제얄러
- 베게 pillow подушка 빠두쉬까
- 잡지 magazine журнал 쥬르날
- 신문 newspaper газета 가제따
- 이어폰 earphones наушники 나우쉬니끼
- 화장실 toilet, lavatory туалет 뚜알렡
- 시차 time difference
  разница во времени 라즈니짜 바 브레메니
- 좌석번호 seat number номер места 노몌르 몌스따
- 통화신고 currency declaration
  декларация о валюте 데끌라라찌야 아 발류쩨
- 물 water вода 바다
- 얼음 ice лёд 료드
- 컵 glass стакан 스따깐
- 음료수 beverages напитки 나삐뜨끼
- 주류 liquor спиртные напитки 스삐르뜨늬예 나삐뜨끼
- 담배 cigarette сигарета 씨가례따
- 손목시계 wristwatch ручные часы 루츠늬예 취씌
- 향수 perfume духи 두히
- 주스 juice сок 쏙

04 호텔에서

001 싸고 깨끗한 호텔을 소개해주세요.
Will you tell me some clean and cheap hotels?

002 하룻밤(1박)에 얼마입니까?
How much for a night?

003 오늘 묵을 방이 있나요?
Do you have a room for tonight?

004 2박 3일(3박 4일)간 묵고 싶습니다.
I want to stay for two nights.

005 전망 좋은 방을 부탁합니다.
I want a room with a nice view.

006 열쇠를 주세요.
Can I have my key?

001 Порекомендуйте, пожалуйста, какие-нибудь недорогие и чистые гостиницы.
빠레꺼멘두이쩨, 빠좔루이스따, 까끼예-니부지 녜다라기에 이 취스띄에 가스찌니찌.

002 Сколько стоит номер в сутки?
스꼴꺼 스또잇 노몌르 브 쑤뜨끼?

003 У вас найдётся номер на сегодня?
우 바스 나이죳쨔 노몌르 나 씨보드냐?

004 Я хочу остановиться на две ночи и три дня три ночи и четыре дня.
야 하추 아스따나빗쨔 나 드볘 노취 이 뜨리 드냐 뜨리 노취 이 취띄레 드냐

005 Мне бы хотелось комнату с хорошим видом из окна.
므녜 븨 하쩰러스 꼼므나뚜 스 하로쉼 비덤 이즈 아크나.

006 Ключ, пожалуйста.
끌류취, 빠좔루이스따.

04 호텔에서

007 싱글룸 2인 1실 을 부탁합니다.
I want a single room.

008 샤워실이 있는 방을 부탁합니다.
With a shower, please.

009 조용한 방을 부탁합니다.
I want a quiet room.

010 조금 더 저렴한 방은 없나요?
Is there cheaper one?

011 이 방으로 하겠습니다.
I take this room.

012 지금 체크인할 수 있습니까?
Can I check in now?

013 아침식사는 몇 시죠?
What time can I have breakfast?

014 이 근처에 싸고 맛있는 레스토랑을 소개해주세요.
Will you tell me some good and cheap restaurants around here?

007 Пожалуйста, мне комнату на одного человека на двоих.
빠좔루이스따, 므녜 꼼므나뚜 나 아드나보 칠라볘까 나 드바이흐.

008 С душем, пожалуйста.
스 두쉠, 빠좔루이스따.

009 Желательно тихую комнату.
쥍라쩰너 찌후유 꼼므나뚜.

010 Есть ли что-нибудь подешевле?
예스찌 리 쉬또 - 니부지 빠제쉐블례?

011 Я беру этот номер.
야 베루 에떳 노몌르.

012 Можно оформить сейчас?
모쥬너 아포르미찌 씨촤스?

013 Во сколько я смогу позавтракать?
바 스꼴까 야 스마구 빠자프뜨라까찌?

014 Порекомендуйте, пожалуйста, какой-нибудь хороший и недорогой ресторан поблизости.
빠레꺼멘두이쩨, 빠좔루이스따, 까꼬이 - 니부지 하로쉬 이 녜다라고이 레스따란 빠블리저스찌.

04 호텔에서

015 이 호텔의 이름과 주소를 적어주세요.
Write, please, the name and the address of this hotel.

016 콜택시를 불러주세요.
Call, please, a taxi.

017 아침식사 점심식사, 저녁식사 는 어디서 할 수 있나요?
Where can I get breakfast?

018 방을 바꿔주세요.
Could you give me a different room?

019 내일 아침 6시에 깨워주세요.
Please, wake me up at six tomorrow morning?

020 방이 너무 춥습니다.
My room is very cold.

021 하루 더 머물고 싶습니다.
I want to stay one more night.

015 Напишите, пожалуйста, название и адрес этой гостиницы.
나삐쉬쩨, 빠좔루이스따, 나즈바니에 이 아드레스 에떠이 가스찌니찌

016 Вызовите, пожалуйста, такси.
븨자비쩨, 빠좔루이스따, 딱씨.

017 Где можно позавтракать пообедать, поужинать?
그제 모쥬너 빠자프뜨라까찌 빠아볘다찌, 빠우쥐나찌?

018 Вы не могли бы дать мне другую комнату?
븨 녜 마글리 븨 다찌 므녜 드루구유 꼼므나뚜?

019 Будьте добры, разбудите меня завтра в шесть часов утра.
부짓쩨 다브릐, 라즈부지쩨 미냐 자프뜨라 브 쉐스찌 취쏘프 우뜨라.

020 У меня в комнате очень холодно.
우 미냐 브 꼼므나쩨 오친 홀러드너.

021 Я хочу пробыть ещё один день.
야 하추 쁘라브이찌 이쑈 아진 젠.

04 호텔에서

022 귀중품을 보관해주시겠습니까?
Will you keep these valuables for me?

023 귀중품은 금고에 보관하세요.
Please keep the valuables in bulk.

024 하루 일찍 출발하겠습니다.
I'm leaving one night earlier.

025 내일 아침 7시에 출발합니다.
I'm leaving at seven tomorrow morning.

026 몇 시까지 방을 비워야 하나요? 체크아웃 시간
By what time do I need to make this room vacant?

027 짐을 어디에 맡겨놓죠?
Where it is possible to leave things?

028 저기 짐 보관실이 있습니다.
There is a cloakroom.

029 계산을 부탁합니다.
Check out, please.

022　Вы не возьмёте на хранение эти драгоценности?
비 녜 바지묘쩨 나 흐라녜니에 에찌 드라거쩬너스찌?

023　Храните драгоценности в сейфе.
흐라니쩨 드라거쩬너스찌 브 쎄이폐.

024　Я уезжаю на день раньше.
야 우예좌유 나 젠 란쉐.

025　Я уезжаю завтра в семь утра.
야 우예좌유 자프뜨라 브 셈 우뜨라.

026　До скольких надо освободить номер?
다 스깔끼흐 나다 아스바바지찌 노메르?

027　Где можно оставить вещи?
그졔 모쥬너 아스따비찌 볘쉬?

028　Там есть камера хранения.
땀 예스찌 까메라 흐라녜니야.

029　Рассчитайтесь со мной, пожалуйста.
라스쉬따이 쩨스 싸 므노이, 빠좔루이스따.

04 호텔에서

030 계산서를 부탁합니다.
Bill, please.

031 신용카드로 계산하겠습니다.
I shall mourn a credit card.

032 영수증을 주세요.
Can I have receipt?

033 잊으신 물건 없나요?
Do you have anything left?

기본 단어

- 예약 reservation бронь 브론
- 주문 order заказ 자까즈
- 열쇠 key ключ 끌류취
- 장(선반, 옷장) cabinet(closet) шкаф 슈까프
- 모포 blanket одеяло 아제알러
- 베개 pillow подушка 빠두쉬까

030 Счёт, пожалуйста.
스춋, 빠좔루이스따.

031 Я оплачу кредитной картой.
야 아쁠라추 끄레지뜨너이 까르떠이.

032 Квитанцию, пожалуйста.
크비딴찌유, 빠좔루이스따.

033 Вы ничего не забыли?
빅 니치보 녜 자브일리?

- 욕조 bath ванна 반나
- 샤워 shower душ 두슈
- 난방 heating отопление 아따쁠례니에
- 비누 soap мыло 므일러
- 전등 lamp лампа 람빠
- 재떨이 ashtry пепельница 뼤뻴니짜

04 호텔에서

- 타월 towel полотенце 빨라쩬쩨
- 화장실 lavatory туалет 뚜알렛
- 숙박객(손님) guest гость 고스찌
- 신용카드 credit card
  кредитная карта 끄레지뜨나야 까르따
- 영수증 receipt квитанция 크비딴찌야
- 계산서 bill счёт 스춋
- 지배인 manager
  главный администратор 글라브늬 아드미니스드라떠르
- 로비 lobby вестибюль 베스찌뷸
- 접수 registration регистрация 레기스뜨라찌야

- 귀중품 valuables драгоценности 드라거쎈너스찌
- 식당 dinning room столовая 스딸로바야
- 커피숍 cafe кафе 까페
- 비상구 emergency exit
  запасной выход 자빠스노이 브이허드
- 진찰실 clinic клиника 끌리니까
- 엘리베이터 elevator лифт 리프뜨
- 층계 stairs лестница 례스니짜
- 호텔 hotel гостиница 가스찌니짜
- 사인 signature подпись 뽀드삐스

05 교통수단 길을 찾을 때, 택시, 버스, 전철

001 이곳은 어디죠? 지금 제가 어딨나요?
Where am I now?

002 푸쉬킨 박물관을 찾고 있습니다.
I'm looking for Pushkin museum.

003 거기까지 걸어갈 만합니까?
Can I work there?

004 여기서 걸어가면 얼마나 걸립니까?
How long does it take to work from here?

005 이 지도에 표시해 주실래요?
Will you mark it on my map?

006 여기서 멉니까?
Is it far from here?

007 이쪽(저쪽) 방향인가요?
Is it in this direction?

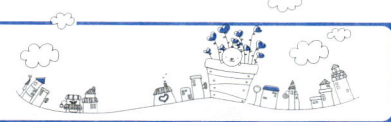

001 Где я сейчас?
그졔 야 시촤스?

002 Я ищу музей Пушкина.
야 이슈 무졔이 뿌슈끼나.

003 Туда можно добраться пешком? Пешком можно?
뚜다 모쥬너 다브랏짜 삐슈꼼? 삐슈꼼 모쥬너?

004 Как долго идти пешком?
까끄 돌거 잇찌삐슈꼼?

005 Отметьте, пожалуйста, на этой карте.
아뜨몌찌쩨, 빠좔루이스따, 나 에떠이 까르쩨.

006 Отсюда далеко?
알슈다 달리꼬?

007 По этой той стороне?
빠 에떠이 (또이) 스따로녜?

05 교통수단

008 왼쪽인가요, 오른쪽인가요?
Is it on the left or right?

009 곧장 가요?
Is it straight ahead?

010 표지가 될만한 게 있나요?
Is there anything we can follow as a sign?

011 길을 잃었어요.
I've lost.

012 택시를 불러주세요.
Will you get me a taxi?

013 어디로 갈까요?
Where is your destination?

014 이 주소로 가주세요.
Take me to this address, please.

015 역까지 가주세요.
To station, please.

016 모두 얼마죠?
How much will it totally cost?

008 Налево или направо?
날례바 일리 나쁘라바?

009 Прямо?
쁘랴마?

010 Что-нибудь может служить ориентиром?
쉬또 – 니부지 모좃 슬루쥐찌 아리엔찌롬?

011 Я заблудился.
야 자블루질샤.

012 Вызовите, пожалуйста, такси.
븨자비쩨, 빠좔루이스따, 딱씨.

013 Куда ехать?
꾸다 예하찌?

014 Отвезите, пожалуйста, по этому адресу.
아뜨베지쩨, 빠좔루이스따, 빠 에떠무 아드레수.

015 До станции, пожалуйста.
도 스딴찌이, 빠좔루이스따.

016 Сколько стоит всего?
스꼴까 스또잇프씨보?

05 교통수단

017 직진해주세요.
Go straight, please.

018 우(좌)회전합시다.
Turn to the right(left), please.

019 뒤로 돌아가세요.
Turn to the back, please.

020 여기서 세워주세요.
Stop, please.

021 버스(지하철) 노선도를 주세요.
May I have a bus route (a subway map)?

022 가장 가까운 지하철역은 어디죠?
Is there a subway station around here?

023 표 한 장(두 장, 세 장) 주세요.
One ticket, please.

024 이 버스는 어디로 갑니까?
Where is the bus going?

017 Поезжайте прямо.
빠예좌이쩨 쁘랴마.

018 Поверните направо налево.
빠베르니쩨 나쁘라바 (날레바).

019 Поверните назад.
빠베르니쩨 나자드.

020 Остановитесь здесь.
아스따나비쩨 스 즈제스.

021 Будьте добры карту автобусного маршрута схему метро.
부지쩨 다브릐 까르뚜 아프또부스너버 마르슈루따(스헤무 미뜨로).

022 Где ближайшая станция метро?
그제 블라좌이샤야 스딴찌야 미뜨로?

023 Один билет два билета, три билета, пожалуйста.
아진 빌롓(드바 빌례따, 뜨리 빌례따), 빠좔루이스따.

024 Куда идёт этот автобус?
꾸다 이죳 에떳 아프또부스?

05 교통수단

025 이 지하철은 시내까지 갑니까?
Does this subway go to downtown?

026 어디서 갈아타죠?
Where should I change buses?

027 지하철 운행시간이 몇 시부터 몇 시까지죠?
From when to when is this subway running?

기본 단어

- 택시승차장 taxi stand
  стоянка такси 스따얀까 딱씨
- 지하철역 subway station
  станция метро 스딴찌야 미뜨로
- 버스정류장 bus stop
  автобусная остановка 아프또부스나야 아스따노브까

025 **Идёт ли это метро до центра?**
이좃 리 에떠 미뜨로 도 쩬뜨라?

026 **Где нужно сделать пересадку?**
그졔 누쥬너 스졜라찌 뻬레싸드꾸?

027 **Со скольких и до скольких работает метро?**
싸 스깔끼흐 이 도 스깔끼흐 라보따잇 미뜨로?

- 신호등 traffic lights светофор 스베따포르
- 교차점 intersection перекрёсток 뻬레끄료스떡
- 동 east восток 바스똑
- 서 west запад 자빠드
- 남 south юг 유크
- 북 north север 쎄베르

- 분수 fountain фонтан 판딴
- 광장 square площадь 쁠로샤지
- 공원 park парк 빠르끄
- 경기장 stadium стадион 스따지온
- 극장 theatre театр 찌아뜨르
- 시장 market рынок 리녹
- 시청 city hall мэрия 메리야
- 강 river река 리까
- 시내(중심가) down town
  центр города 쩬뜨르 고러다
- 트롤리 버스 trolley bus троллейбус 뜨랄레이부스
- 기차역 station вокзал 바그잘
- 기차표 ticket билет на поезд 빌랫 나 뽀예즈드
- 첫 기차 first train
  первый поезд 뻬르브이 뽀예즈드
- 마지막 기차 last train
  последний поезд 빠슬례드니 뽀예즈드
- 지하철 metro, subway метро 미뜨로
- 택시 taxi такси 딱씨
- 팁 tip чаевые 취예비예
- 거스름돈 change сдача 즈다챠
- 요금계산기 meter счётчик 스쵸칙
- 트렁크 trunk багажник 바가쥬닉
- 오페라 opera опера 오뻬라
- 지휘자 directer дирижёр 지리죠르

- 제목 title название 나즈바니에
- 입장료 entrance fee
  плата за вход 쁠라따 자 브호드
- 뮤지컬 musical мюзикл 뮤지끌
- 발레 ballet балет 발렛
- 콘서트 concert концерт 깐쩨르뜨
- 연극 play представление 쁘레드스따블레니에
- 극장매표소 ticket office
  театральная касса 찌아뜨랄나야 깟싸
- 공연 performance спектакль 스빽따끌
- 무대 stage сцена 스쩨나
- 영화 movie кино 끼노
- 영화관 movie theatre кинотеатр 끼노찌아뜨르
- 음악당 concert hall
  концертный зал 깐쩨르뜨늬 잘
- 예약석 reserved seat
  забронированное место 자브라니러반노에 메스떠
- 빈좌석 empty seat
  свободное место 스바보드너에 메스떠
- 서커스 circus цирк 찌르끄
- 특별석 box ложа 로좌
- 카지노 casino казино 까지노
- 교회 church церковь 쩨르꺼비
- 도서관 library библиотека 비블리어쩨까

06 레스토랑에서 예약, 식사

001 여보세요, 레스토랑입니까?
Hello, is this restaurant?

002 오늘 저녁 6시에 2인 테이블을 예약하고 싶습니다.
We'd like a table for two at 6 : 00 tonight.

003 죄송합니다. 빈자리가 없습니다.
I'm sorry. There's no more table left.

004 몇 시에 가능하죠?
What time can we reserve a table?

005 8시에 가능합니다.
We can offer you at 8 : 00.

006 그러면 8시에 부탁합니다.
Then, we'll take it.

001 Здравствуйте, это ресторан?
즈드라스뜨부이쩨, 에떠 레스따란?

002 Нам бы хотелось заказать стол на двоих на шесть вечера сегодня.
남 븨 하쩰러스 자까자찌 스똘 나 드바이흐 나 쉐스찌 볘췌라 씨보드냐.

003 К сожалению, не осталось ни одного стола.
크 싸좔례니유, 녜 아스딸러스 니 아드나보 스똘라.

004 На какое время мы сможем заказать стол?
나 까꼬예 브레먀 믜 스모쥠 자까자찌 스똘?

005 Мы можем предложить вам на восемь вечера.
믜 모쥠 쁘레들라쥐찌 밤 나 보심 볘췌라.

006 Тогда мы закажем его.
따그다 믜 자까쥠 이보.

06 레스토랑에서

007 성함을 말해주세요.
May I have your name, please?

008 박입니다.
Park.

009 메뉴를 보여주세요.
May I see a menu?

010 영어 메뉴판 부탁합니다.
Menu in English, please.

011 잘하는 요리가 뭐죠?
What do you recomend?

012 이것으로 하겠습니다.
I'll have this.

013 저것과 같은 걸로 주세요.
Give me the same dish as that.

014 이것은 어떤 요리죠?
What kind of dish is this?

007 Будьте добры, вашу фамилию.
부질쩨 다브릐, 바슈 파밀리유.

008 Пак.
빡.

009 Меню, пожалуйста.
미뉴, 빠좔루이스따.

010 Меню на английском языке, пожалуйста.
미뉴 나 앙글리스껌 이~꼐, 빠좔루이스따.

011 Что вы порекомендуете?
쉬또 븨 빠레꺼멘두이쩨?

012 Я возьму это.
야 바지무 에떠.

013 Дайте мне, пожалуйста, точно такое же, как это.
다이쩨 므녜, 빠좔루이스따, 또츠너 따꼬예 줴, 까끄 에떠.

014 А что это за блюдо?
아 쉬또 에떠 자 블류더?

06 레스토랑에서

015 특별요리가 뭐죠?
What is your special?

016 정식이 있습니까?
Do you have a business lunch set?

017 오늘의 특별메뉴가 있습니까?
Is there any special menu for today?

018 무슨 음료수를 드시겠습니까?
What would you like to drink?

019 물을 주세요.
Can I have some water?

020 이것을 주문한 게 아닌데요.
I did'nt order this.

021 제가 주문한 것과 다른 것 같아요.
I don't think this is what I ordered.

022 소금(설탕)을 주세요.
Will you pass me salt(sugar) please?

015 **Какое блюдо у вас фирменное?**
까꼬예 블류더 우 바스 피르멘너예?

016 **У вас есть бизнес-ланч?**
우 바스 예스찌 비즈녜스-란취?

017 **У вас есть какое-нибудь специальное меню на сегодня?**
우 바스 예스찌 까꼬예-니부지 스뻬찌알너에 미뉴 나 씨보드냐?

018 **Что вы желаете выпить?**
쉬또 비 쥘라이쩨 브이삐찌?

019 **Стакан воды, пожалуйста.**
스따깐 바듸, 빠좔루이스따.

020 **Я это не заказывал.**
야 에떠 녜 자까지발.

021 **Мне кажется, это не то, что я заказывал.**
므녜 까줴쨔, 에떠 녜 또, 쉬또 야 자까지발.

022 **Соль(сахар), пожалуйста.**
쏠(싸하르), 빠좔루이스따.

06 레스토랑에서

023 커피(차)를 주세요.
I'll have coffee(tea).

024 디저트로는 뭐가 있나요?
I want to order some dessert, please.

025 메뉴를 다시 한번 보여주세요.
May I see the menu again?

026 가능하면 빨리 주세요.
Please, do it as soon as possible.

027 더 이상 필요 없습니다.
No, thank you.

028 주문한 요리가 아직 안 나왔어요.
My order hasn't come yet.

029 화장실이 어디죠?
Where is the rest room?

030 계산을 부탁합니다.
May I have the check?

031 합계가 틀린 것 같아요.
I think this is added up wrong.

023 Кофе (чай), пожалуйста.
꼬폐(촤이), 빠좔루이스따.

024 Что у вас на десерт?
쉬또 우 바스 나 지쎄르뜨?

025 Можно посмотреть меню ещё раз?
모쥬너 빠스마뜨례찌 미뉴 잇쑈 라즈?

026 Если можно, побыстрее.
예슬리 모쥬너, 빠브이스뜨례예.

027 Нет, спасибо. Больше ничего не нужно.
니옛, 스빠씨바. (볼쉐 니치보 녜 누쥬너.)

028 Мне ещё не принесли то, что я заказывал.
므녜 잇쑈 녜 쁘리녜슬리 또, 쉬또 야 자까지발.

029 Где туалет?
그졔 뚜알롓?

030 Будьте добры, счёт.
부짓쩨 다브릐, 스촛.

031 Мне кажется, сосчитано неверно.
므녜 까줫짜, 싸취딴너 녜볘르너.

06 레스토랑에서

032 어디서 지불하죠?
Where should I pay?

033 잘 먹었습니다. 고맙습니다.
It was very good. Thank you.

기본 단어

- 메뉴 menu меню 미뉴
- 아침식사 breakfast завтрак 자프뜨락
- 점심식사 lunch обед 아베드
- 저녁식사 dinner/supper ужин 우쥔
- 음식 food еда 예다
- 팁 tip чаевые 취예븨예
- 계산서 bill счёт 스촛
- 스프 soup суп 수쁘
- 육류 meat мясо 먀싸
- 샐러드 salad салат 쌀랏

032   Где платить?
         그제 쁠라찌지?

033   Было очень приятно. Спасибо вам.
         브일러 오친 쁘리야뜨너. 스빠씨바 밤.

- 흑빵 bread хлеб 흘례프
- 흰 빵 bread stick батон 바똔
- 밥 rice рис 리스
- 냅킨 napkin салфетка 쌀폐뜨까
- 나이프 knife нож 노쥬
- 포크 fork вилка 빌까
- 수저 spoon ложка 로슈까
- 젓가락 chopsticks палочки 빨러츠끼
- 성냥 matches спички 스삐츠끼
- 재떨이 ashtry пепельница 뻬뻴니짜

06 레스토랑에서

- 컵 cup стакан 스따깐
- 병 bottle бутылка 부띨까
- 접시 plate тарелка 따렐까
- 맛 flavor вкус 브꾸스
- 소금 salt соль 쏠
- 설탕 sugar сахар 싸하르
- 후추 pepper чёрный перец 쵸르늬 뻬레츠
- 소스 sauce соус 쏘우스
- 맵다 hot остро 오스뜨러
- 짜다 salty солёно 쌀료너
- 달다 sweet сладко 슬라드꺼
- 쓰다 bitter горько 고리꺼

- (빵이) 딱딱한 hard чёрствый 쵸르스뜨비
- 연한 soft мягкий 먀흐끼
- 주문 order заказ 자까즈
- 보드카 vodka водка 보드까
- 맥주 beer пиво 삐바
- 샴페인 champagne шампанское 샴빤스꺼에
- 와인 wine вино 비노
- 커피 coffee кофе 꼬폐
- 우유 milk молоко 말라꼬
- 홍차 silon tea чёрный чай 쵸르늬 차이
- 녹차 green tea зелёный чай 질룐늬 차이
- 아이스크림 icecream мороженое 마로쥬너예

07 환전

001 환전을 하고 싶은데요.
I would like to exchange.

002 은행이 어디 있죠?
Where is a bank?

003 어디서 환전할 수 있나요?
Where can I exchange money?

004 오늘 달러 환율이 얼마죠?
What's the exchange rate today?

005 루블화로 바꿔주세요.
Change this to rubles, please.

006 잔돈으로 바꿔주세요.
Small change, please.

007 계산이 틀린 것 같네요.
I think this is added up wrong.

008 여행자수표도 받습니까?
Do you accept traveler's checks?

001   Я хочу обменять деньги.
      야 하추 아브몌냐찌 젠기.

002   Где банк?
      그졔 반끄?

003   Где можно обменять деньги?
      그졔 모쥬너 아브몌냐찌 젠기?

004   Какой курс доллара сегодня?
      까꼬이 꾸르쓰 돌라라 씨보드냐?

005   Обменяйте, пожалуйста, на рубли.
      아브몌냐이쩨, 빠좔루이스따, 나 루블리.

006   Разменяйте, пожалуйста, мелочью.
      라즈몌냐이쩨, 빠좔루이스따, 멜러취유.

007   Я думаю, что это сосчитано неверно.
      야 두마유, 쉬또 에떠 싸취딴너 녜볘르너.

008   Вы принимаете дорожные чеки?
      븨 쁘리니마이쩨 다로쥬늬예 췌끼?

07 환전

009 수수료는 얼마죠?
How much is the service charge?

010 현금지급기가 어디 있나요?
Where is a ATM?

기본 단어

- 사인 signature подпись 뽀드삐시
- 은행 bank банк 반끄
- 환전 currency exchange обмен валюты 아브멘발류띄
- 환전소 the exchange office
  обменный пункт 아브멘늬 뿐끄뜨
- 환율 exchange rate курс 꾸르쓰
- 달러 환율 exchange rate for dollars
  курс доллара 꾸르쓰 돌라라
- 유로 환율 exchange rate for euro
  курс евро 꾸르쓰 예브러
- 루블화 rubles рубли 루블리
- 달러화 dollars доллары 돌라릐

009 **Каков размер комиссионных?**
까꼽 라즈몌르 까미씨온늬흐?

010 **Где банкомат?**
그졔 반까마뜨?

- 유로화 euro евро 예브러
- 원화 won вона 보나
- 여행자수표 traveler's checks
  дорожные чеки 다로쥬늬예 췌끼
- 수표 check чек 체크
- 동전 coin монета 마녜따
- 지폐 soft money бумажные деньги 부마쥬늬예 젠기
- 신용카드 credit card
  кредитная карта 끄례지뜨나야 까르따
- 현금지급기 ATM банкомат 반까맡
- 수수료 comission fee комиссионные 까미씨온늬예

08 전화

001 이 전화 사용법 좀 가르쳐주세요.
Will you tell me how to make a call from this phone?

002 어디로 거실 거죠?
Where wish call?

003 한국(서울)이요.
To Korea(To Seoul)

004 먼저 국제전화 코드를 누르고, 국가번호, 도시번호, 그 다음 개인번호를 누르세요.
First press a code of the international call, a country code, a city code, and then a phone number.

005 전화 좀 빌려도 될까요? 사용료는 드리겠습니다.
It is possible to ask your phone? I shall pay for a call.

006 이 번호로 전화 좀 걸어주세요.
Call, please, under this number.

001 Скажите, пожалуйста, как пользоваться этим телефоном?
스까쥐쩨, 빠좔루이스따, 까끄 뽈저밭짜 에찜 쩰레폰넘?

002 Куда хотите позвонить?
꾸다 하찌쩨 빠즈바니찌?

003 В Корею(в Сеул).
브 까례유(브 씨울).

004 Сначала наберите код международного звонка, код страны, код города, и потом номер телефона.
스나촬라 나베리쩨 꼬드 메쥬두나로드너버 즈반까, 꼬드 스뜨라늬, 꼬드 고러다, 이 빠똠 노메르 쩰레포나.

005 Можно попросить ваш телефон? Я заплачу за звонок.
모쥬너 빠쁘라씨찌 바슈 쩰레폰? 야 자쁠라추 자 즈바녹.

006 Позвоните, пожалуйста, по этому номеру.
빠즈바니쩨, 빠좔루이스따, 빠 에떠무 노메루.

08 전화

007 104호실과 연결해주세요.
Connect, please, to number 104 (one zero four).

008 지금 아무도 안 받습니다.
Now nobody answers.

009 감사합니다. 나중에 걸겠습니다.
Thank you. I'll call later.

010 나에게 전화해주세요.
Give me a call.

011 댁으로 전화해도 될까요?
It is possible to call to you home?

012 여보세요?
Hello?

013 네, 말씀하세요. (네, 듣고 있습니다.)
Yes, please.

014 누구시죠?
Who is speaking?

007 Соедините, пожалуйста, с номером 104 один ноль четыре.
싸예지니쩨, 빠좔루이스따, 스 노몌롬 아진 놀 취띄례.

008 Сейчас никто не отвечает.
씨촤스 니크또 녜 아뜨볘촤잇

009 Спасибо, потом перезвоню.
스빠씨바, 빠똠 뻬레즈바뉴.

010 Позвоните мне, пожалуйста.
빠즈바니쩨 므녜, 빠좔루이스따.

011 Можно позвонить вам домой?
모쥬너 빠즈바니찌 밤 다모이?

012 Алло?
알로?

013 Да, говорите.
다, 가바리쩨.

014 Кто это?
크또 에떠?

08 전화

015 저는 한국인 이민수(한국인 김지연)입니다.
This is Lee Min-soo(Kim Ji yeon)

016 블라디미르 푸틴씨를 바꿔주세요.
May I speek to Vladimip Pytin?

017 레나를 바꿔주세요.
May I speek to Lena.

018 잠깐만 기다리세요.
Hold on a minute

019 지금 그는(그녀는) 여기 없습니다.
He(She) is not in here

020 언제쯤 그가(그녀가) 있을까요?
When he(she) will be?

021 이민수가 전화했다고 전해주세요.
Let him know that LEE MIN SOO call.

022 다음에 다시 걸겠습니다.
Call you back, later.

015 Это говорит кореец Ли Мин Су
коренка Ким Джи Ён.
에떠 가바릿 까레예쯔 리민수(까례얀까 낌지온).

016 Владимира Путина, пожалуйста.
블라지미라 뿌찌나, 빠좔루이스따.

017 Лену, пожалуйста.
레누, 빠좔루이스따.

018 Подождите минутку.
빠다쥬지쩨 미누뜨꾸.

019 Сейчас его(её) нет.
씨챠스 이보(이요) 니옡.

020 Когда он(она) будет?
까그다 온(아나) 부짙?

021 Передайте, пожалуйста, что звонил Ли Мин Су.
뻬레다이쩨, 빠좔루이스따, 쉬또 즈바닐 리민수.

022 Я перезвоню попозже.
야 뻬레즈바뉴 빠뽀줴.

08 전화

023 1234-5678로 전화해달라고 전해주세요.
Please tell him(her) to call at 1234-5678.

024 미안하지만, 잘못 거셨네요.
Sorry, but you got the wrong number.

025 죄송합니다.
I'm sorry.

기본 단어

- 전화 telephone телефон 쩰례폰
- 교환원 operator оператор 아뻬라떠르
- 공중전화 pay phone
  телефон-автомат 쩰레폰 - 아프따마뜨
- 국제전화 international call
  международный разговор
  메쥬두나로드늬 라즈가보르

023 **Передайте, пожалуйста, позвонить по номеру 1234-5678(один два три четыре — пять шесть семь восемь).**
뻬레다이쩨, 빠좔루이스따, 빠즈바니찌 빠 노메루 아진 드바 뜨리 취띄례 — 빠찌 쉐스찌 셈 보셈.

024 **Извините, вы не туда попали.**
이지비니쩨, 븨 녜 뚜다 빠빨리.

025 **Извините.**
이즈비니쩨.

▶ 시외전화 toll call
междугородный разговор
메쥬두가로드니 라즈가보르
▶ 시내통화 local call
звонок по городу 즈바녹 빠 고러두
▶ 전화번호부 telephone directory
телефонный справочник 쩰례폰늬 스쁘라보츠닉

09　우체국에서

001　우체국이 어디죠?
Where is the post office?

002　이것을 한국에 보내고 싶은데요.
This to South Korea, please.

003　며칠 만에 한국에 도착합니까?
How long will it take to Korea?

004　소포(엽서)를 부치고 싶은데요.
I wish to send package (card).

005　얼마를 지불해야 합니까?
How much is this?

006　항공편으로 보내주세요.
I want to send this by air mail.

007　선편으로 보내주세요.
I want to send this by seamail.

001 Где (находится) почта?
그제 (나호짙짜) 뽀츠따?

002 Будьте добры, в Южную Корею.
부짙쩨 다브릐, 브 유쥬누유 까례유.

003 Как долго будет идти до Южной Кореи.
까끄 돌거 부짓 잇찌 도 유쥬너이 까레이.

004 Хочу послать посылку (открытку).
하추 빠슬라찌 빠씰꾸 (알끄리뜨꾸).

005 Сколько стоит?
스꼴까 스또잇?

006 Авиапочтой, пожалуйста.
아비아뽀츠또이, 빠좔루이스따.

007 Морем, пожалуйста.
모렘 빠좔루이스따.

09 우체국에서

기본 단어

- 우체국 post office почта 뽀츠따
- 편지 letter письмо 삐스모
- 봉투 envelope конверт 깐볘르뜨
- 소포 parcel посылка 빠씔까
- 우표 stamp марка 마르까
- 엽서 postcard открытка 앝끄리뜨까
- 주소 adress адрес 아드레스

- 항공우편 air mail
  воздушная почта 바즈두슈나야 뽀츠따
- 등기우편 registered letter
  заказное письмо 자까즈노예 삐스모
- 익스프레스 express
  экспресс / срочная почта 엑스쁘레스 스로츠나야 뽀츠따
- 팩스 fax факс 팍스

10 인터넷

001 어디서 인터넷을 사용할 수 있나요?
Where can I use the Internet?

002 비즈니스 센터에서 사용하세요.
The business center, please.

003 인터넷 카페가 어디있나요?
Where is an internet cafe?

004 시간당 얼마죠?
How much does it cost per hour?

005 한국어 지원이 되나요?
Can I use Korean for the internet?

006 한국어로 이메일을 써야해요.
I have to write e-mail in Korean.

007 컴퓨터가 이상해요.
The computer is strange.

008 자리를 옮겨주세요.
Change, please place.

001 Где можно воспользоваться интернетом?
그졔 모쥬너 바스뽈저밭짜 인떼르네뗌?

002 В бизнес-центре.
브 비즈녜스-쩬 뜨례.

003 Где (находится) интернет-кафе?
그졔 (나호짙짜) 인떼르넷 까페?

004 Сколько стоит за час?
스꼴까 스또잇 자 챠스?

005 Можно ли у вас печатать по-корейски?
모쥬너 리 우 바쓰 뻬촤따찌 빠까레이스끼?

006 Мне надо написать и-мэйл по-корейски.
므녜 나다 나삐싸찌 이메일 빠-까레이스끼.

007 Компьютер работает странно.
깜삐유쩨르 라보따잇 스뜨란너.

008 Поменяйте, пожалуйста, место.
빠메냐이쩨, 빠좔루이스따, 메스떠.

10 인터넷

009 스캐너를 사용할 수 있을까요?
Can I use a scanner?

010 프린터로 인쇄가 가능한가요?
Can I print?

011 USB를 어디에 꽂죠?
Where can I connect USB ?

 기본 단어

▶ 인터넷 internet интернет 인떼르넷

009　Можно ли пользоваться сканером?
　　　모쥬너 리 뽈저밭짜 스까네럼?

010　Можно ли распечатать?
　　　모쥬너 리 라스뻬촤따찌?

011　Куда вставляется флэшка?
　　　꾸다 프스따블랴잇짜 플래슈까?

▶ 이메일 E-mail
　и-мэйл электронная почта   이-메일 엘렉뜨론나야 뽀츠따

11 병원, 약국에서

001 의사를 불러 주세요.
Call a doctor, please.

002 몸이 좋지 않아요.
I feel sick.

003 속이 메슥거려요.
I feel like throwing up.

004 현기증이 납니다.
I feel dizzy.

005 감기(코감기, 기침)에 걸렸어요.
I have a cold (coryza, cough).

006 머리가(목, 손, 다리, 등) 아파요.
I have a headache.

007 열이 있어요.
I have a fever.

001 Вызовите, пожалуйста, врача.
빅자비쩨, 빠좔루이스따, 브라촤.

002 Я себя чувствую нехорошо.
야 씨뱌 추브스뜨부유 녜하라쇼.

003 Меня тошнит.
미냐 따슈닛.

004 У меня кружится голова.
우 미냐 끄루쥣짜 갈라바.

005 У меня простуда насморк, кашель.
우 미냐 쁘라스뚜다 (나스머르끄, 까쉘).

006 У меня болит голова горло, рука, нога, спина.
우 미냐 발릿 갈라바 (고를러, 루까, 나가, 스삐나).

007 У меня температура.
우 미냐 쪰뻬라뚜라.

11 병원, 약국에서

008 여기가 아파요.
I have a pain here.

009 몸이 어떠세요?
How do you feel?

010 아직 안 좋아요.
I still don't feel good.

011 조금 나아졌습니다.
I feel a little better.

012 며칠 정도 안정을 취해야 하죠?
How many days do I have to stay in bed?

013 이틀은 더 쉬세요.
You have to take a few days off.

014 여행을 계속해도 괜찮습니까?
Can I continue traveling?

015 약국이 어디죠?
Where is a pharmacy?

008   У меня болит здесь.
우 미냐 발릿 즈제스.

009   Как вы себя чувствуете?
까끄 븨 씨뱌 추부스뜨부이쩨?

010   Всё ещё неважно.
프쑈 잇쑈 네바쥬너.

011   Я чувствую себя получше.
야 추브스뜨부유 씨뱌 빨루췌.

012   Сколько дней мне придётся пролежать?
스꼴까 드녜이 므녜 쁘리죠짜 쁘랄례좌찌?

013   Вам нужно пролежать 2 дня.
밤 누쥬너 쁘랄례좌찌 드바 드냐.

014   Можно продолжить поездку?
모쥬너 쁘라돌쥐찌 빠예즈드꾸?

015   Где аптека?
그제 아쁘쪠까?

11 병원, 약국에서

016 일반 감기약을 주세요.
I want cold cure.

017 코감기약을 주세요.
Please give me a medicine for coryza

018 기침약을 주세요.
Give me the antitussive.

019 소화제를 주세요.
Give me the medicine for the indigestion.

020 변비약을 주세요.
Give me a stool softener pill.

021 설사약을 주세요.
Give me a binding medicine.

022 반창고(밴드)를 주세요.
Give me a Band-Aid.

016 Дайте, пожалуйста, обычное лекарство от простуды.
다이쩨, 빠좔루이스따, 아브이츠너예 례까르스뜨바 알뜨 쁘라스뚜듸.

017 Дайте, пожалуйста, лекарство от насморка.
다이쩨, 빠좔루이스따, 례까르스뜨바 알뜨 나스머르까.

018 Дайте, пожалуйста, лекарство от кашеля.
다이쩨, 빠좔루이스따, 례까르스뜨바 알뜨 까쉘랴.

019 Дайте, пожалуйста, лекарство от несварения желудка.
다이쩨, 빠좔루이스따, 례까르스뜨바 알뜨 녜스바례니야 쥈루드까.

020 Дайте, пожалуйста, лекарство от запора.
다이쩨, 빠좔루이스따, 례까르스뜨바 알뜨 자뽀라.

021 Дайте, пожалуйста, лекарство от поноса.
다이쩨, 빠좔루이스따, 례까르스뜨바 알뜨 빠노싸.

022 Дайте, пожалуйста, пластырь.
다이쩨, 빠좔루이스따, 쁠라스띄리.

11 병원, 약국에서

- 병원 hospital больница 발니짜
- 의원(개인병원) clinic клиника 끌리니까
- 응급처치 emergency
  скорая помощь 스꼬라야 뽀마쉬
- 응급차 ambulance
  машина «скорая помощь» 마쉬나 '스꼬라야 뽀마쉬'
- (내과)의사 doctor врач 브라취
- 외과의사 surgeon хирург 히루륵
- 가슴 chest грудь 그루지
- 코 nose нос 노스
- 입 mouth рот 로뜨
- 이 tooth (teeth) зуб зубы 줍(주비)
- 귀 ear(ears) ухо уши 우허(우쉬)
- 머리 head голова 갈라바
- 손 hand(hands) рука руки 루까(루끼)
- 다리(발) leg(legs) нога ноги 나가(노기)
- 목 throat горло 고를러
- 배 stomach живот 쥐보뜨
- 등 back спина 스삐나
- 허리 waist талия 딸리야

- 척추 backbone позвоночник 빠즈바노츠닉
- 체온 temperature температура 찜뻬라뚜라
- 고열 high temperature
  высокая температура 브이쏘까야 찜뻬라뚜라
- 구토 vomiting рвота 르보따
- 구역질 nausea тошнота 따슈나따
- 현기증 dizziness
  головокружение 갈라바끄루줴니예
- 기침 cough кашель 까쉘
- 코감기 catarrh насморк 나스모르끄
- 수술 operation операция 아뻬라찌야
- 주사 injection укол 우꼴
- 약 medicine лекарство 레까르스뜨버
- 약국 pharmacy аптека 아쁘쩨까
- 소화불량 indigestion
  несварение желудка 녜스바례니예 쉘루드까
- 반창고 adhesive tape пластырь 쁠라스띠리
- 두통 headache головная боль 갈라브나야 볼
- 치통 toothache зубная боль 주브나야 볼
- 설사약 таблетка от поноса 따블례뜨까 아뜨 빠노싸
- 변비약 таблетка от запора 따블례뜨까 아뜨 자뽀라

12 쇼핑

001 아가씨(젊은이)! 쇼핑 좀 하려는 데 도와주실래요?
Would you please help me?

002 이것은 무엇입니까?
What is this?

003 이것은 얼마죠?
How much is this?

004 가격을 적어주세요.
Write, please price.

005 이것을 보여주세요.
Please, show me this.

006 무엇을 찾고 계시죠? 도와드릴까요?
What are you looking for? May I help you?

007 그냥 구경하는 거에요.
I'm just looking.

001 Девушка! Молодой человек! Вы не окажите помощь при выборе товаров?
제부슈까! (말라도이 칠라벡) 빅 녜 아까쥐쩨 뽀모쉬 쁘리 브이보례 따바롭?

002 Что это?
쉬또 에떠?

003 Сколько это стоит?
스꼴까 에떠 스또잇?

004 Напишите, пожалуйста, цену.
나삐쉬쩨, 빠좔루이스따, 쩨누.

005 Покажите, пожалуйста, это.
빠까쥐쩨, 빠좔루이스따, 에떠.

006 Что вы ищете? Чем помочь?
쉬또 빅 이쉬쩨? 쳄 빠모취?

007 Просто смотрю, спасибо.
쁘로스떠 스마뜨류, 스빠씨바.

12 쇼핑

008 뭔가 기념이 될만한 물건이 없을까요?
Is there anything to the memory?

009 이 나라 특유의 진기한 것이 있습니까?
I'd like a souvenir that could only come from Russia.

010 러시아인형을 권합니다.
I'd like recommend a Russian dole.

011 캐비어를 사가세요.
I'd like recommend caviar.

012 너무 비싸네요.
It's too expensive.

013 좀 더 싼 것은 없습니까?
Are there any cheaper ones?

014 이것을 사겠습니다.
I'll take it.

015 할인이 됩니까?
Could you make a discount?

008 Есть ли что-нибудь на память?
예스찔 리 쉬또 – 니부지 나 빠먀찌?

009 Есть ли сувенир только из России?
예스찔 리 쑤비니르 똘까 이즈 라씨?

010 Советую вам матрёшку.
싸볘뚜유 밤 마뜨료슈꾸.

011 Советую вам чёрную икру.
싸볘뚜유 밤 쵸르누유 이끄루.

012 Слишком дорого.
슬리슈껌 도러거.

013 Есть ли подешевле?
예스찔 리 빠졔쉐블례?

014 Я возьму это.
야 바지무 에떠.

015 Можно со скидкой?
모쥬너 싸 스끼드꺼이?

12 쇼핑

016 　좀 깎아주세요.
　　　May I have discount?

017 　입어봐도 됩니까?
　　　Can I try this on?

018 　선물을 고르려는 데요.
　　　I'm looking for some presents.

019 　어느 것을 권하십니까?
　　　Which will you recommend?

020 　이런 것으로 세 개 더 주세요.
　　　I'll take three pieces of this kind.

021 　어떻게 계산하시겠습니까?
　　　How would you like a pay?

022 　신용카드로 가능합니까?
　　　Do you accept this credit card?

023 　현금으로 하겠습니다.
　　　I will pay it cash.

024 　거스름돈을 잘못 주신 것 같네요.
　　　You gave me a wrong change.

016 Уступите, пожалуйста.
우스뚜삐쩨, 빠좔루이스따.

017 Можно примерить?
모쥬너 쁘리몌리찌?

018 Я ищу подарки.
야 이슈 빠다르끼.

019 Что вы посоветуете?
쉬또 븨 빠싸볘뚜이쩨?

020 Я возьму три таких.
야 바지무 뜨리 따끼흐.

021 Как хотите рассчитаться?
까끄 하찌쩨 라스취땃짜?

022 Можно кредитной картой?
모쥬너 끄레지뜨너이 까르떠이?

023 Я заплачу наличными.
야 자쁠라추 날리츠늬미.

024 Вы дали мне сдачу неправильно.
븨 달리 므녜 즈다추 녜쁘라빌너.

12 쇼핑

025 한국에 가져갈 건데 안전하게 포장해주세요.
Please, pack more safely for the transportation into Korea.

026 다시 오겠습니다.
I'll come back.

기본 단어

- 백화점 department store универмаг 우니베르마크
- 슈퍼마켓 supermarket супермаркет 수뻬르마르껫
- 약국 pharmacy аптека 아쁘쩨까
- 면세점 duty-free shop дьюти-фри 듀찌-프리
- 상점 store, shop магазин 마가진
- 기념품가게 souvenir shop
  сувенирный магазин 수비니르니 마가진
- 기념품 souvenir сувенир 수비니르
- 매점 kiosk (booth, stall) киоск 끼오스끄
- 신용카드 credit card
  кредитная карта 끄레지뜨나야 까르따
- 서점 book store книжный магазин 크니쥬니 마가진

025 Будьте добры, упакуйте получше. Я везу это в Корею.
부짙쩨 다브리, 우빠꾸이쩨 빨루췌. 야 베주 에떠 브 까레유.

026 Я ещё приду.
야 잇쑈 쁘리두.

- 모피 furs меха 메하
- 호박 amber янтарь 얀따리
- 다이아몬드 diamond бриллиант 브릴리안뜨
- 사파이어 sapphire сапфир 싸쁘피르
- 금 gold золото 졸러떠
- 진주 pearl жемчуг 젬추그
- 상아 ivory слоновая кость 슬로너바야 꼬스찌
- 루비 ruby рубин 루빈
- 에메랄드 emerald изумруд 이주므루드
- 은 silver серебро 쎄레브로
- 비누 soap мыло 므일러
- 치약 tooth paste зубная паста 주브나야 빠스따

12 쇼핑

- 칫솔　tooth brush　зубная щётка　주브나야 쇼뜨까
- 샴푸　shampoo　шампунь　샴뿐
- 린스　rinse　кондиционер　깐지찌아녜르
- 바디클렌저　body cleanser
  пенка для душа　뻰까 들랴 두샤
- 카세트테이프　cassette tape　кассета　까쎄따
- 비디오테이프　video tape
  видео-кассета　비제오 까쎄따
- 컴팩트디스크　compact disk
  компакт-диск　깜빡 지스끄
- 귀걸이　earrings　серьги　쎄리기
- 수첩　memo book
  записная книжка　자삐쓰나야 크니슈까
- 만년필　fountain pen　авторучка　아프떠루치까
- 볼펜　ball pen　ручка　루치까
- 잉크　ink　чернила　췌르닐라
- 지우개　eraser　ластик　라스찍

- 접착제 glue клей 끌례이
- 지도 map карта 까르따
- 잡지 magazine, journal журнал 주르날
- 신문 newpaper газета 가제따
- 우산 umbrella зонт 존뜨
- 면도기 razor бритва 브리뜨바
- 티슈 tissue бумажный платок 부마쥬늬 쁠라똑
- 향수 perfume духи 두히
- 화장품 cosmetics косметика 까스몌찌까
- 인형 doll кукла 꾸끌라
- 양말 socks носки 나스끼
- 팔찌 bracelet браслет 브라슬롓
- 손목시계 wristwatch ручные часы 루츠늬예 취씨
- 마트료슈카 Russian dolls матрёшка 마뜨료슈까
- 캐비어 caviar чёрная икра 죠르나야 이끄라
- 연어알 salmon caviar
  лососевая икра 라쏘쎄바야 이끄라

13 친구 사귀기 술자리, 칭찬, 애정표현, 축하표현

001 안녕하세요.
Hello

002 제 이름은 (　　　)입니다.
My name is (　　).

003 만나 뵙게 돼서 기쁩니다.
Nice to meet you.

004 우리의 만남을 위해 건배합시다!
Drink for our meeting!

005 원샷!
To the bottom!

006 당신을 위하여!
For you!

007 당신의 건강을 위하여!
For your health!

008 우리의 우정을 위하여!
For our friendship!

001　Здравствуйте!
　　　즈드라스뜨부이쩨!

002　Меня зовут (　　　).
　　　미냐 자붙 (　　　).

003　Очень приятно с вами познакомиться.
　　　오친 쁘리야뜨너 스 바미 빠즈나꼬밑짜.

004　Выпьем за нашу встречу!
　　　브이삐엠 자 나슈 브스뜨례추!

005　До дна!
　　　다 드나!

006　За вас!
　　　자 바스!

007　За ваше здоровье!
　　　자 바쉐 즈다로비예!

008　За нашу дружбу!
　　　자 나슈 드루쥬부!

13 친구 사귀기

009 덕분에 좋은 시간을 보냈어요.
Because of you, very well was spent time.

010 제 명함입니다.
This is my business card.

011 언제든 연락주세요.
Always call me.

012 저는 러시아가 좋습니다.
I like Russia.

013 다음에 또 러시아에 오고 싶습니다.
I want to go to Russia again.

014 당신의 연락처를 알 수 있을까요?
May I know your phone number?

015 굉장히 아름다우십니다.
You are so beautiful.

016 당신이 맘에 듭니다.
I like you.

009 Благодаря вам, мы очень хорошо провели время.
블라가다랴 밤, 므이 오친 하라쇼 쁘라벨리 브례먀.

010 Это моя визитка.
에떠 마야 비지뜨까.

011 Звоните.
즈바니쩨.

012 Мне нравится Россия.
므녜 느라빗짜 라씨야.

013 Хочу приехать в Россию ещё раз.
하추 쁘리예하찌 브 라씨유 잇쑈 라즈.

014 Можно попросить ваш номер телефона?
모쥬너 빠쁘라씨찌 바슈 노몌르 쩰례포나?

015 Вы очень красивая.
븨 오친 끄라씨바야.

016 Вы мне нравитесь.
븨 므녜 느라비쩨스.

13 친구 사귀기

017 나는 당신을 사랑합니다.
I love you.

018 한국에서 가져온 기념품입니다.
This souvenir is from Korea.

019 당신께 드리는 겁니다.
This is for you.

020 생일 축하합니다.
Happy birthday.

021 메리 크리스마스!
Merry christmas!

022 새해 복 많이 받으세요.
Happy new year.

023 항상 행복하세요.
Good luck!

017 **Я люблю вас.**
야 류블류 바스.

018 **Это сувенир из Кореи.**
에떠 수비니르 이즈 까례이.

019 **Это вам.**
에떠 밤.

020 **С днём рождения!**
스 드뇸 라쥬제니야.

021 **С Рождеством!**
스 라쥬줴스뜨봄!

022 **С Новым Годом.**
스 노빔 고덤.

023 **Желаю вам счастья!** Счастья вам!
줼라유 밤 샤스찌야! 샤스찌야 밤!

13 친구 사귀기

기본 단어

- 담배 cigarettes сигареты 씨가례띄
- 성냥 matches спички 스뻬츠끼
- 라이터 lighter зажигалка 자쥐갈까
- 트럼프 playing cards
  игральные карты 이그랄늬예 까르띄
- 모자 hat/cap шапка 솨쁘까

- 손수건 handkerchief
  носовой платок 나사보이 쁠라똑
- 봉투 envelope конверт 깐볘르뜨
- 재떨이 ashtray пепельница 뻬뻴니짜
- 안경 glasses очки 아츠끼

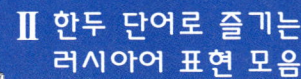

II 한두 단어로 즐기는 러시아어 표현 모음

_ 호칭

_ 감정이나 의사 표현

한두 단어로 즐기는 러시아어 표현 모음

▮호칭

- 어이, 아가씨! Девушка!* 제부쉬까!
- 어이, 젊은이! Молодой человек!* 말라도이 칠라벡!
- 아줌마! Женщина!* 줸쉬나!
- 아저씨! Мужчина!* 무쉬나!
- 어이, 친구들! Эй, ребята! 에이, 리뱌따!

(* – 일반적인 호칭으로도 쓰이며, 식당, 상점 등에서 점원을 부를 때도 사용한다.)

▮감정이나 의사 표현

- 짱이다! Awesome! Классно! Супер! Клёво!
  끌라쓰너! 쑤뻬르! 끌료버!
- 멋진데! Cool! Здорово! Прекрасно! 즈도러버! 쁘례끄라스너!
- 놀랍군! Amazing. Удивительно! 우지비쩰너!
- 아름다워! Beautiful! Красиво! 끄라씨버!
- 추하군! Immensely! Безобразие! 베자브라지예!
- 좋아! Good. Хорошо. 하라쇼
- 싫어! I don't want. Не хочу! 녜 하추!
- 나빠! Bad. Плохо. 쁠로허
- 괜찮네. Not bad. Ничего. 니춰보
- 그럭저럭. So-so. Так себе. 딱 씨볘

▶ 아무것도 아냐.	Nothing.	Ничего.	니취보
▶ 이상하군.	Strange!	Странно.	스뜨란너
▶ 간단하네.	Easy.	Просто.	쁘로스떠
▶ 쉽군.	Easy.	Легко.	리흐꼬
▶ 어려워.	It is difficult.	Трудно.	뜨루드너
▶ 맛있군!	Delicious!	Вкусно.	프꾸스너
▶ 싸다!	Cheap.	Дёшево.	죠쉐버
▶ 비싸다!	Expensive	Дорого.	도러거
▶ 많다!	Much	Много.	므노거
▶ 적다!	Little. (Few.)	Мало.	말러
▶ 큰 거 같아요!	It is biggish.	Великовато.	벨리까바따
▶ 작은 것 같아요!	It is tight.	Тесновато.	쩨스나바떠
▶ 다 준비됐어요!	All ready	Всё готово.	프쑈 가또버
▶ 밝군!	Light	Светло.	스베뜰로
▶ 어둡군!	Dark	Темно.	찜노
▶ 춥군!	Cold	Холодно.	홀러드너
▶ 선선하네!	Cool	Прохладно.	쁘라흘라드너
▶ 덥군!	Hot	Жарко.	좌르꺼
▶ 따뜻해!	warm	Тепло.	찌쁠로
▶ 아파요!	Hurt	Больно!	볼너!

(이상 표현들의 대부분이 앞에 부정을 의미하는 не(네)를 덧붙이면 그 반대 의미가 된다.)

129

한두 단어로 즐기는 러시아어 표현 모음

- 정말?   Really?   Правда?   쁘라브다?
- 당연하지!   Of course. Sure.   Конечно.   까녜쉬너
- 창피해!   What a shame   Стыдно.   스띄드너
- 저런 저런!   By golly!   Ну и ну.   누 이 누
- 제길!   Shut!   Блин!   블린!
- 유감이군.   I am sorry.   Жаль!   좔!
- 오 마이 갓!   Oh, my God!   Ой, Боже мой!   오이, 보줴 모이!
- 끔찍해!   It is terrible!   Ужас! Ужасно!   우좌스! 우좌스너!
- 악몽이야!   Nighmare!   Кошмар!   까슈마르!
- 잠깐만요!   Wait a moment.   Минутку.   미누뜨꾸.
- 출발!   Let's go.   Поехали!   빠예할리!
- 자, 어서요!   Come on.   Давайте!   다바이쩨!
- 자자자, 어서어서! Come on.   Давай, давай, давай!   다바이, 다바이, 다바이!

- 빨리요!   Faster!   Быстрее.   브이스뜨례예
- 천천히!   Slowly.   Медленно!   몌들롄너!
- 좀 더 가요.   More.   Подальше.   빠달쉐
- 스톱! (멈춰요.) Stop!   Стоп!   스또옵
- 조금만요!   A little.   Чуть-чуть.   춧춧
- 아마도.   Maybe.   Может быть.   모쥣 브이찌
- 좀 더 많이요. More.   Побольше.   빠볼쉐
- 좀 더 적게요. Less.   Поменьше.   빠몐쉐
- 됐어요.   Enough.   Хватит.   흐바찟
- 충분해요.   Enough.   Достаточно.   다스따떠츠너
- 끝. 그만.   Finish.   Всё.   프쑈
- 이게 다에요. That is all.   Это всё.   에떠 프쑈

- 아무래도 괜찮아요(상관없어요). Never mind.
  Всё равно. 프쑈 라브노
- 맘대로 하세요. As you want. Как хотите.   깍 하찌쩨
- 중요치 않아요. It does not matter. Не важно. 녜 바쥬너
- 배불리 먹었어요. (여성일 경우) I am full.
  Наелся. (Наелась.) 나옐씨야(나옐라씨)
- 아뇨. 몰라요. No, I don't know. Нет, не знаю. 니옐, 녜 즈나유
- 네. 알아요.　 Yes, I know. Да, знаю. 다, 즈나유

III 현지에서 가장 많이 쓰는 필수 표현 42가지

현지에서 가장 많이 쓰는 필수 표현 42가지

01 네.
　Yes.
　Да.
　다

02 아니요.
　No.
　Нет.
　니옡

03 있습니다.
　There is (are).
　Есть.
　예스찌

04 없습니다.
　There is (are) not.
　Нет.
　니옡

05 좋습니다.
　Good.
　Хорошо.
　하라쇼

06 안됩니다.
　Must not.
　Не надо.

네 나다

07 도와주세요.

Help!

Помогите!

빠마기쩨

08 위급합니다!

Emergency!

Это чрезвычайная ситуация! Это ЧП! Это срочно!

에떠 츠례즈브이차이나야 씨뚜아찌야! (에떠 춰뻬! 에떠 스로츠너!)

09 경찰서에 전화해 주세요.

Please, give a call to the police station.

Позвоните, пожалуйста, в милицию.

빠즈바니쩨, 빠좔루이스따, 브 밀리찌유.

10 한국대사관은 어떻게 가죠?

How can I get to the Korean Embassy?

Как добраться до посольства Кореи?

까끄 다브랏쨔 도 빠쏠스뜨바 까레이?

11 한국어 아는 분을 부탁합니다.

Can you please call someone, who can speak in Korean?

Вызовите, пожалуйста, кого-нибудь, говорящего по-корейски.

브이자비쩨, 빠좔루이스따, 까보-니부지, 가바랴쉐버 빠-까레이스끼

12 너무 아파요.

It's so painful.

Очень больно.

오친 볼너

13 여기가 아파요.

It's hurting here.

Здесь болит.

즈제스 발릿

14 화장실이 어디죠?

Where is a rest room?

Где туалет?

그제 뚜알렛?

15 안녕하세요.

Hello. Здравствуйте.

즈드라스뜨부이쩨

16 제 이름은 홍길동입니다.

My name is Hong Gil Dong.

Меня зовут Хонг Гиль-Донг.

미냐 자붙 홍길동

17 고맙습니다.

Thank you.

Спасибо.

스빠씨바

18 죄송합니다.

I'm sorry.

Извините.

이즈비니쩨
19 괜찮습니다.
That's all right.
Ничего.
니치보

20 다시 한번 말해주세요.
I beg your pardon?
Скажите ещё раз.
스까쥐쩨, 잇쑈 라즈

21 자리를 찾고 있습니다.
I'm looking for a seat.
Я ищу моё место.
야 이슈 마요 몌스떠

22 내 짐이 보이지 않습니다.
I cannot find my baggage.
Я не могу найти мой багаж.
야 녜 마구 나이찌 모이 바가쥬

23 호텔 "코스모스"로 가 주세요.
Please, go to Hotel «Cosmos».
В гостиницу «Космос», пожалуйста.
브 가스찌니쭈 "꼬스모스", 빠좔루이스따

24 여기로 데려다 주세요.
Please, take me there.
Сюда, пожалуйста.
슈다, 빠좔루이스따.

25 러시아어를 잘 모릅니다.

I cannot speak Russian.

Я не знаю русский язык.

야 네 즈나유 루스끼 이직

26 가격을 적어주세요.

Please, write down the price.

Напишите, пожалуйста, цену.

나삐쉬쩨, 빠좔루이스따, 쩨누

27 시간을 적어주세요.

Please, write down the time.

Напишите, пожалуйста, время.

나삐쉬쩨, 빠좔루이스따, 브례먀

28 위치를 그려주세요.

Please, draw the location on the map.

Нарисуйте, пожалуйста, где это находится.

나리쑤이쩨, 빠좔루이스따, 그제 에떠 나호짙짜

29 방에 열쇠를 두고 나왔어요.

I left my key in the room.

Я оставил ключ в номере.

야 아스따빌 끌류취 브 노메례

30 신용카드 받습니까?

Do you accept credit cards?

Вы принимаете кредитную карту?

브이 쁘리니마이쩨 끄레지뜨누유 까르뚜?

31 자리, 있습니까?

Is there a seat available?

Место есть?

메스떠, 예스찌?

32 주문한 음식이 아니에요.

This is not what ordered.

Это не то блюдо.

에떠 녜 또 블류더

33 택시를 부르려고 하는데요.

I'm trying to call a taxi.

Можно ли вызвать такси?

모쥬너 리 브이즈바찌 딱씨?

34 사진 좀 찍어주시겠습니까?

Can you please take a photo for me?

Можно попросить вас сфотографировать?

모쥬너 빠쁘라씨찌 바스 스파따그라피러바찌?

35 제가 있는 곳이 어디죠?

Where I am?

Где я нахожусь?

그졔 야 나하주스?

36 지도에 표시해주세요.

Please, mark where I am on the map.

Отметьте, пожалуйста, на карте.

아뜨몌찌쩨, 빠좔루이스따, 나 까르쩨

37 이것을 입어봐도 될까요?

Can I try it on?

Можно примерить?

모쥬너 쁘리몌리찌?

38 이걸로 주세요.

Please give me this one.

Я возьму это.

야 바지무 에떠

39 싼 것으로 보여주세요.

Show me something cheap, please.

Покажите подешевле.

빠까쥐쩨 빠제쉐블례

40 여기 우체국이 어디 있죠?

Where is the nearest post office?

Где здесь почта?

그제 즈제쓰 뽀츠따?

41 이건 너무 비싸요.

It's so expensive.

Это слишком дорого.

에떠 슬리슈껌 도러거.

42 서울행 비행기를 예약하고 싶습니다.

I'd like to book a seat on flight to Seoul.

Я хочу забронировать авиабилет в Сеул.

야 하추 자브라니러바찌 아비아빌롓 브 씨울.

부록

❶ 유용한 단어
❷ 대사관, 항공사 등 유용한 정보 안내

부록

1 유용한 단어

숫자 number
число 취슬로
- 0 zero
  ноль 놀
- 1 one / first
  один / первый 아진 / 뻬르브이
- 2 two / second
  два / второй 드바 / 프따로이
- 3 three / third
  три / третий 뜨리 / 뜨레찌이
- 4 four / fourth
  четыре / четвёртый 취띄레 / 취뜨뵤르띄이
- 5 five / fifth
  пять / пятый 빠찌 / 빠띄이
- 6 six / sixth
  шесть / шестой 쉐스찌 / 쉐스또이
- 7 seven /seventh
  семь / седьмой 솀 / 씨지모이
- 8 eight / eighth
  восемь / восьмой 보심 / 바씨모이

- 9 nine / ninth
  девять / девятый 제뱌찌 / 지뱌띄이
- 10 ten / tenth
  десять / десятый 제샤찌 / 지샤띄이
- 11 eleven / eleventh
  одиннадцать / одиннадцатый
  아진낟짜찌 / 아진낟짜띄이
- 12 twelve/twelfth
  двенадцать / двенадцатый 드볘낟짜찌 / 드볘낟짜띄이
- 13 thirteen/thirteenth
  тринадцать / тринадцатый 뜨리낟짜찌 / 뜨리낟짜띄이
- 14 fourteen/fourteenth
  четырнадцать / четырнадцатый
  취띄르낟짜찌 / 취띄르낟짜띄이
- 15 fifteen/fifteenth
  пятнадцать / пятнадцатый 삐뜨낟짜찌 / 삐뜨낟짜띄이
- 16 sixteen/sixteenth
  шестнадцать / шестнадцатый
  쉐스낟짜찌 / 쉐스낟짜띄이
- 17 seventeen/seventeenth
  семнадцать / семнадцатый 심낟짜찌 / 심낟짜띄이
- 18 eighteen/eighteenth

부록

восемнадцать / восемнадцатый
보심낟짜찌 / 보심낟짜띄이
- 19 nineteen/nineteenth
девятнадцать / девятнадцатый
제뱌뜨낟짜찌 / 제뱌뜨낟짜띄이
- 20 twenty/twentieth
двадцать / двадцатый 드받짜찌 / 드받짜띄이
- 21 twenty-one/twenty-first
двадцать один / двадцать первый
드받짜찌 아진 / 드받짜찌 뻬르브이
- 30 thirty/thirtieth
тридцать / тридцатый 뜨릿짜찌 / 뜨릿짜띄이
- 40 forty/fortieth
сорок / сороковой 쏘록 / 싸라까보이
- 50 fifty/fiftieth
пятьдесят / пятидесятый 삐지샷 / 삐찌지샤띄이
- 60 sixty/sixtieth
шестьдесят / шестидесятый 쉬지샷 / 쉬스찌지샤띄이
- 70 seventy/seventieth
семьдесят / семидесятый 심지샷 / 씨미지샤띄이
- 80 eighty/eightieth
восемьдесят / восьмидесятый
보심지샷 / 바씨미지샤띄이
- 90 ninety/ninetieth
девяносто / девяностый 제뱌노스떠 / 제뱌노스띄이
- 100 hundred/hundredth

сто/ сотый 스또 / 쏘띄이
- 200 two hundred
  двести 드볘스찌
- 300 three hundred
  триста 뜨리스따
- 400 four hundred
  четыреста 취띄례스따
- 500 five hundred
  пятьсот 뼛쏘뜨
- 600 six hundred
  шестьсот 쉐스찌쏘뜨
- 700 seven hundred
  семьсот 씸쏘뜨
- 800 eight hundred
  восемьсот 보씸쏘뜨
- 900 nine hundred
  девятьсот 지뺫쏘뜨
- 1.000 thousand/thousandth
  тысяча/ тысячный 띄샤촤 / 띄샤츠늬이
- 10.000 ten thousand/ten thousandth
  десять тысяч/ десятитысячный
  졔샤찌 띄샤취 / 졔샤찌띄샤츠늬이
- 100.000 hundred thousand/hundred thousandth
  сто тысяч/ стотысячный 스또 띄샤취 / 스따띄샤츠늬이
- 1.000.000 million/millionth
  миллион/ миллионый 밀리온 / 밀리온늬이

부록

- 주 week
  неделя 녜젤랴
- 월요일 Monday
  понедельник 빠니젤닉
- 화요일 Tuesday
  вторник 프또르닉
- 수요일 Wednesday
  среда 스례다
- 목요일 Thursday
  четверг 취뜨베르크
- 금요일 Friday
  пятница 빠뜨니짜
- 토요일 Saturday
  суббота 쑤보따
- 일요일 Sunday
  воскресенье
  바스끄레쎄니에
- 휴일 holiday
  выходной день
  브이하드노이 젠
- 영업일 work day
  рабочий день
  라보취이 젠

- 달(월) month
  месяц 몌샤쯔
- 1월 January
  январь 인바리
- 2월 February
  февраль 폐브랄
- 3월 March
  март 마르뜨
- 4월 April
  апрель 아쁘렐
- 5월 May
  май 마이
- 6월 June
  июнь 이윤
- 7월 July
  июль 이율
- 8월 August
  август 아브구스뜨
- 9월 September
  сентябрь 씬쨔브리
- 10월 October
  октябрь 악쨔브리
- 11월 November
  ноябрь 나야브리
- 12월 December
  декабрь 제까브리

● 계절 season
время года 브레먀 고다
▶ 봄 (봄에) spring
весна весной
비스나 비스노이
▶ 여름 (여름에) summer
лето летом 례떠 례뗌
▶ 가을 (가을에) fall / autumn
осень осенью 오씬 오씨니유
▶ 겨울 (겨울에) winter
зима зимой 지마 지모이

▶ 오전(아침) morning
утро 우뜨러
▶ 정오 noon
полдень 뽈젠
▶ 오후(낮) afternoon
день 젠
▶ 저녁 evening
вечер 베췌르
▶ 밤 night
ночь 노취

▶ 오늘 today
сегодня 씨보드냐
▶ 내일 tomorrow
завтра 자프뜨라
▶ 모레 the day after tomorrow
послезавтра
뽀슬례자프뜨라
▶ 어제 yesterday
вчера 브췌라
▶ 그제
the day before yesterday
позавчера 빠자브췌라

▶ 아침에 in the morning
утром 우뜨럼
▶ 오후에 in the afternoon
днём 드뇸
▶ 저녁에 in the evening
вечером 베췌럼
▶ 밤에 in the night
ночью 노취유

▶ 오늘 아침에 today morning
сегодня утром
씨보드냐 우뜨럼
▶ 오늘 저녁에 today evening
сегодня вечером
씨보드냐 베췌럼
▶ 내일 아침에

tomorrow morning
завтра утром
자프뜨라 우뜨럼
▶ 내일 점심에 tomorrow noon
завтра днём
자프뜨라 드뇸
▶ 어제 밤에 yesterday night
вчера ночью
브췌라 노취유

● 방향 direction
направление
나쁘라블례니예
▶ 동 east
восток 바스똑
▶ 서 west
запад 자빠드
▶ 남 south
юг 유그
▶ 북 north
север 쎄베르

● 국가 country
страна 스뜨라나
▶ 한국 Korea
Корея 까례야

▶ 러시아 Russia
Россия 라씨야
▶ 미국 America
Америка 아메리까
▶ 중국 China
Китай 끼따이
▶ 일본 Japan
Япония 이뽀니야
▶ 영국 England
Англия 앙글리야
▶ 이탈리아 Italia
Италия 이딸리야
▶ 프랑스 France
Франция 프란찌야

▶ 밝은 light
светлый 스볘뜰리이
▶ 어두운 dark
тёмный 쬼늬이
▶ 큰 big
большой 발쇼이
▶ 작은 small
маленький 말린끼이
▶ 긴 long
длинный 들린늬이

- 짧은 short
  короткий 까로뜨끼이
- 딱딱한 hard
  жёсткий 죠스끼이
- 부드러운 soft
  мягкий 먀흐끼이
- 뚱뚱한 fat
  толстый 똘스띄이
- 마른 thin
  худой 후도이
- 좋은 good
  хороший 하로쉬이
- 나쁜 bad
  плохой 쁠라호이
- 비싼 expensive
  дорогой 다라고이
- 싼 cheap
  дешёвый 지쇼브이

● 색깔 color
цвет 쯔벹
- 검은색 black
  чёрный 쵸르늬이
- 흰색 white
  белый 벨르이
- 붉은색 red
  красный 끄라스늬이
- 파란색 blue
  синий 씨니이
- 노란색 yellow
  жёлтый 죨띄이
- 녹색 green
  зелёный 질룐늬이
- 회색 gray
  серый 쎼리
- 갈색 brown
  коричневый 까리츠녜브이
- 핑크색 pink
  розовый 로저브이
- 보라색 violet
  фиолетовый 피알례떠브이
- 오렌지색 orange
  оранжевый 아란줴브이

● 과일 fruit
фрукты 프룩띄
- 포도 grapes
  виноград 비나그라드
- 바나나 banana
  банан 바난

부록

- 수박 water-melon
  арбуз 아르부즈
- 파인애플 pineapple
  ананас 아나나스
- 귤 mandarin
  мандарин 만다린
- 자두 plum
  слива 슬리바
- 체리 cherry
  вишня 비슈냐
- 사과 apple
  яблоко 야블라꺼
- 참외 melon
  дыня 듸냐
- 오렌지 orange
  апельсин 아뻴씬

  ● 야채 vegetables
  овощи 오바쉬

- 가지 eggplant
  баклажан 바끌라쟌
- 감자 potato
  картошка 까르또슈까
- 오이 cucumber
  огурец 아구례쯔
- 양파 onion
  лук 룩
- 파 green onion
  зелёный лук
  질룐늬이 룩
- 양배추 cabbage
  капуста 까뿌스따
- 배추 Chinese cabbage
  китайская капуста
  끼따이스까야 까뿌스따
- 피망 green pepper
  зелёный перец
  질룐늬이 뻬례쯔
- 마늘 garlic
  чеснок 체스녹
- 토마토 tomato
  помидор 빠미도르
- 버섯 mushroom
  грибы 그리븨
- 당근 carrot
  морковь 마르꼬피
- 무 radish
  редис 레지스
- 호박 pumpkin
  тыква 뜨이끄바

● 도시 city
город 고러드

- 거리 street
улица 울리짜
- 대로 main road (avenue)
проспект 쁘라스뺀뜨
- 집 house
дом 돔
- 건물 building
здание 즈다니예
- 아파트 apartment
квартира 끄바르찌라
- 광장 square
площадь 쁠로솨지
- 기차역 railroad station
вокзал 바그잘
- 지하철역 subway station
станция метро 스딴찌야 미뜨로
- 항구 port
порт 뽀르뜨
- 공항 airport
аэропорт 아에라뽀르뜨
- 레스토랑 restaurant
ресторан 레스따란
- 카페 cafe
кафе 까폐
- 호텔 hotel
гостиница 가스찌니짜
- 영화관 movie theater, cinema
кинотеатр 끼노찌아뜨르
- 박물관 museum
музей 무제이
- (공연)극장 theater
театр 찌아뜨르
- 서커스장 circus
цирк 찌르끄
- 대학교 university
университет 우니베르씨쩨뜨
- 연구소(단과대) institute
институт 인스찌뚜뜨
- 도서관 library
библиотека 비블리아쩨까
- 학교 school
школа 슈꼴라
- 상점 store, shop
магазин 마가진
- 가판대 kiosk, booth
киоск 끼오스끄
- 우체국 post
почта 뽀츠따

부록

- 경기장 stadium
  стадион 스따지온
- 시장 market
  рынок 리녹
- 다리 bridge
  мост 모스뜨
- 공원 park
  парк 빠르끄
- 공장(중공업) plant
  завод 자보드
- 공장(경공업) factory
  фабрика 파브리까

● 교통 수단 vehicle
транспортное средство
뜨란스뽀르뜨너에 스렛스뜨버
- 전차 tramway
  трамвай 뜨람바이
- 지하철 subway
  метро 미뜨로
- 트롤리버스(무궤도 전차) trolleybus
  троллейбус 뜨랄레이부스
- 버스 bus
  автобус 아프또부스
- 택시 taxi
  такси 딱씨
- 승용차 car
  машина 마쉬나
- 기차 train
  поезд 뽀예즈드

● 자연, 가축 nature, animal
природа, животные
쁘리로다, 쥐보뜨늬예
- 태양 sun
  солнце 쏜쩨
- 달 moon
  луна 루나
- 하늘 sky
  небо 녜버
- 시골 village
  деревня 제례브냐
- 동산, 정원 garden
  сад 싸드
- 숲 forest
  лес 례스
- 들판 field
  поле 뽈례
- 강 river
  река 례까

- 호수 lake
  озеро 오제러
- 나무 tree
  дерево 제례버
- 꽃 flower
  цветок 쯔볘똑
- 새 bird
  птица 쁘찌짜
- 고양이 cat
  кошка 꼬슈까
- 개 dog
  собака 싸바까
- 소 cow
  корова 까로바
- 말 horse
  лошадь 로솨지
- 닭 chicken
  курица 꾸리짜
- 오리 duck
  утка 우뜨까
- 비둘기 dove
  голубь 골루비
- 참새 sparrow
  воробей 바라볘이
- 쥐 mouse
  мышь 므이쉬

② 대사관, 항공사 등 유용한 정보 안내

주러시아 대한민국 대사관 : 모스크바, st. Plushikha(울리짜 쁠류쉬하), 56.
T. 7-(495)-783-2727
www.mofat.go.kr
블라디보스토크 대한민국 총영사관 : 블라디보스토크, avenue Krasnovo Znameni(쁘라스빽뜨끄라스너버 즈나몌니), 42.
T. 7-(4232)-22-7 729
러시아 항공권 관련 : www.airrussia.c o.kr
T. 02-755-8555
대한항공 : (서울) kr.koreanair.com
T. 1588-2001
(모스크바) st. 1 Tverskaya-Yamskaya(울리짜뜨베르스까야-얌스까야), 19
T. 7-(495)-725-27-27
아시아나항공 : (서울) www.flyasiana.com
T. 1588-8000
아에로플로트(러시아항공) : (서울) 서울 강남구 삼성동 도심공항터미널
T. 02) 569-3271
(모스크바) Korovij val(까로비이 발), 7
T. 7-(495)-921-51-31
www.aeroflot.ru
모스크바의 모든 호텔과 레스토랑과 여행정보 : (영어 지원) www.visitorline.com

저자 약력

■ **성명** 이원형(李元珩)

■ **학력**
  - 단국대학교 법과대학 법학과 졸업 (L.L.B)
  - 모스크바 국립대학교 대학원 국제사법학과 졸업 (L.L.M)

■ **자격 및 사회활동**
  - 소련 국가시험위원회 주관 변호사(Lawyer) 자격 취득 (1994)
  - 러시아연방 연해주 변호사협회 주관 법정 변호사(Advocate) 자격 취득 (2007)
  - 러시아연방 연해주(프리모르스키 크라이) 변호사협회 회원 (2007)
  - 모스크바 소재, 법무법인 LAW & CASE 설립 및 운영 (1994~1997)
  - 대한민국 주재 러시아연방 대사관 근무 (1997~2005)
  - 오산대학 실무노어과 겸임교수 (1999~2001)
  - 법무법인 한별 근무
  - 법무법인 아주 근무
  - 주한 카자흐스탄대사관 법률자문
  - 경찰청 외사과 섭외 법률자문
  - 법제처 법률자문

■ **소속**
  - 러시아연방 연해주 변호사협회 회원
  - 러시아연방 연해주 소재 이원형 변호사 법률사무소 변호사
    (WonHyong Lee's Advocate Cabinet)

■ **저서**
  - 『영어대조 여행러시아어회화』 이원형 저, 명지 출판사
  - 『소련붕괴 이후 러시아 및 CIS국가 정치 경제』

■ **자문기업**
  현대호텔 / LG건설 / 우림건설 / 풍림건설 / 한보그룹 / 대현그룹 / 오뚜기식품 / 삼양식품 / VBTRF / 아무르스크 파라호드 / 시베리아항공 / 아에로플로트러시아항공 / 대한광업공사 / 현진에버빌 / NTC그룹 / 소망화장품 / 기타 60여건의 러시아연방 및 CIS국가 투자 및 관련 법률 자문

나만의 여행러시아어 회화 레시피

초판 인쇄_ 2008년 8월 5일
초판 발행_ 2008년 8월 10일

지은이_ 이원형
펴낸이_ 엄태상
펴낸곳_ Korea **Language PLUS**
편집_ 권이준
표지디자인_ 신영미
등록일자_ 2000년 8월 17일
등록번호_ 제1-2718호
주소_ 서울시 종로구 원남동 4-5
TEL_ 도서주문 02-3671-0582
　　　편집부 02-3671-0594
FAX_ 02-3671-0500
E-mail_ tltk@chol.com
Homepage_ www.langpl.com

* 이 책의 내용을 사전 허가 없이 전재하거나 복제할 경우 법적인 제재를 받게 됨을 알려 드립니다.
* 잘못된 책은 구입하신 서점이나 본사에서 바꿔 드립니다.

ISBN 978-89-5518-395-5 13790